民國歷史與文化研究

十八編

第 **18** 冊

胡先驌年譜
（第八冊）

胡啟鵬 著

花木蘭文化事業有限公司

國家圖書館出版品預行編目資料

胡先驌年譜（第八冊）／胡啟鵬 著 -- 初版 -- 新北市：花木
蘭文化事業有限公司，2024〔民 113〕
目 4+182 面；19×26 公分
（民國歷史與文化研究 十八編；第 18 冊）
ISBN 978-626-344-647-2（精裝）
1.CST：胡先驌 2.CST：年譜
628.08   112022508

ISBN-978-626-344-647-2

民國歷史與文化研究
十八編　第十八冊　　　　　　ISBN：978-626-344-647-2

胡先驌年譜
（第八冊）

作　　者　胡啟鵬
總 編 輯　杜潔祥
副總編輯　楊嘉樂
編輯主任　許郁翎
編　　輯　潘玟靜、蔡正宣　美術編輯　陳逸婷
出　　版　花木蘭文化事業有限公司
發 行 人　高小娟
聯絡地址　235　新北市中和區中安街七二號十三樓
　　　　　電話：02-2923-1455／傳真：02-2923-1452
網　　址　http://www.huamulan.tw　信箱　service@huamulans.com
印　　刷　普羅文化出版廣告事業
初　　版　2024 年 3 月
定　　價　十八編 22 冊（精裝）新台幣 55,000 元　　版權所有・請勿翻印

胡先驌年譜
（第八冊）

胡啟鵬　著

目

次

第一冊

第十冊

第十一冊

第十二冊

民國三十七年戊子（1948） 五十五歲

1月5日，胡先驌致任鴻雋信函。

叔永吾兄惠鑒：

年內資上之函、想蒙收覽，開歲敬惟公私多吉，為頌為傑。茲奉蔡希陶來函，持呈一覽、并轉呈財務委員會諸公為荷。邇來北平物價上漲之速度驚人，單每日伙食零期即須三十萬元，尚須吃一頓窩窩頭。而所中經費不充，亦不便自行加薪。故開年後所中每月五千萬元殊屬不敷。馬上政府調整公教人員待遇，本所尤難於追從。劃匯上月得盈餘八百萬元，曾以四百五十萬元購市政府配給麵十袋，分配員工，不無小補。然苟政府開放申匯，則此項盈餘又將幻滅，故弟意本年度經常費必須增加，中基會補助一千美金如由王啟無在美代收，則除一部分作攝照標本文獻之用外、約有八百美金之美國支票可寄回，按黑市價出賣。可達兩億之譜。又臨時基金尚未收齊之一億元，不知現在收齊否？一月份請告葉良才先生、以六千萬元供劃匯之用為感。弟之薪津一月份已領、二、三月份何日可以領出，請盡速示知，以便接洽。至調整後之增加額，俟政府公布後、核算告知、以便接洽劃匯，至以為感。

專此敬頌

春禧

弟 先驌

一月五日（1948 年）〔註 2087〕

1月10日，《今年政府應以全力從事經濟戡亂》文章在上海《益世報》（第2版）發表。摘錄如下：

過去一年間，因中共全面叛變，兵禍蔓延東北九省與華北。至冬初，陳毅與劉伯承部復渡河南下，華中震動，兵禍又深入心臟中區。而華南亦有烽火。兵禍如此之急而且廣，政府戮力戡亂，自是無上要圖。然在東北共軍第六次攻勢頓挫，榆林之圍，亦以寧夏之馬軍出動，響應傅軍，與鄧寶珊部裏應外合，一戰而解。在河北方

〔註 2087〕 胡宗剛撰《胡先驌先生年譜長編》，江西教育出版社，2008 年 2 月版，第 464 頁。

面石家莊雖失而以傅作義將軍出任華北剿匪總司令戰事有展機。華中則因白部長親任剿匪之責，遂使劉部不能在大別山區立足。以予所知共軍雖以游擊戰術屢獲癲勝，然其精練之師並非甚眾，裹挾之民軍，殊不能打硬仗，一遇強敵，即易崩潰。廖耀湘在東北屢建奇功，與共軍不敢與傅作義軍交鋒，皆實例也。故軍事戡亂似難而並非甚難。最難者乃為經濟戡亂。

抗戰以前，我國通貨發行額不過十四億，而全國銀行存款超出三十億。銀行準備充足，貨幣之發行無寧求過於供，故物價低廉。在抗戰之初年，物價並未大受戰事之影響。蓋通貨之發行雖見增加，而適足以應付當時之需要。故物價並未上漲。至二十九三十年間物價漸趨上漲。現在國民政府文官處政務局長陳方即深慮通貨膨脹之可危，曾擬有精密之統治經濟計劃，由蔣主席交行政院孔院長執行，並勉孔以改法幣之精神執行此精思熟慮之方案。而孔置之不理。數月後蔣主席又手書數千言嚴屬責孔執行此項計劃，並謂此計劃只差未以血書之。可知蔣主席深知經濟之危機。無奈執政者別有肺肝，不肯忠心作曲突徙薪之計，坐視良好計劃不能實行。以後羅斯福總統制私人代表居里至重慶，目睹此類情形，曾警告孔院長謂中國若經濟無辦法，抗戰必無成功之希望，且曾向蔣主席表示在中國當時能挽救經濟危機者只有陳光甫一人。蔣主席於是有以陳出任財政部長之意。孔為抵制陳光甫計，囑監察院於院長彈劾陳之右臂鄒秉文。鄒氏獲停職處分，陳氏乃將本兼各職一併辭去。孔得仍兼財長，遂使統制經濟之方略無從實現。於是乃向美國借價值美金五億元之黃金以求穩定物價。然以管制之不良，黃金盡入豪門與奸商之手，物價卒無由壓低。孔氏誤國之罪，其不可逭有如此者。其後孔卒因美人之攻擊而去職，宋子文繼長行政院。宋氏素以理財負盛名，其始出任行政院長也，國人皆額手稱慶，對之抱無窮之希望。兼之勝利突告來臨，國庫中尚有八億元之美金與價值兩億之黃金。其實雖通貨已極膨脹，然苟宋氏毅然改革幣制，以孫幣代法幣，必可告成功而收通貨緊縮物價低落之實效。乃宋氏計不出此，但以拋賣黃金為壓抑物價之對策。結果物價不能壓低，而黃金耗去大半，宋不能不去職，而物價遂泛濫至今日成不可收拾之勢。此又宋氏誤國之罪也。

今日中國之經濟癥結計有下列數端：（一）軍費過巨。（二）發行過多。（三）通貨流通過速。（四）國家銀行存款利息過低而黑市利息過高。（五）生產停頓。（六）出口困難。（七）走私猖獗。（八）稅收不旺。此八項皆所以驅中國經濟於崩潰之域而互為因果者也。當勝利之初參謀長陳誠本有大規模裁軍之決心。最初擬定之三十五年度國家總預算，軍費聞僅占百分之四十七。苟無內亂，經濟危機不難克服。自政協決裂，中共稱兵，於是軍費又占總預算之七八十。復以直接稅辦理不善，每每半數歸於中飽（以予所知有一度江西省之直接稅竟有百分之七十歸於中飽），故政府除增加發行別無長策。發行既臻天文數字，國家銀行復取存款低利政策，遂盡驅民間之資財為遊資，競相投機與放高利貸。通貨流通過速，無形中物價高漲，超出通貨膨脹之應有結果至數倍之多。黑市之高利率鼓勵投機與囤積，因而提高物價。物價愈高，則原料之價格與工資隨之而高，而生產事業隨之停頓。生產事業停頓，遂使資金不能趨入正軌，而趨於投機囤積之一途。惡性循環，愈來愈劇。復以投機之故，美元之官價永不能追上黑市價，因以增加出口之困難，結果則美元愈稀，黑市價愈昂。又以美元官價與黑市價相差過巨，僑匯逃往香港，使外匯差額無法平衡。資金遂聚趨於華南走私之一途。凡此種種，皆所以使目前經濟之危機日益增劇者也。

搶救此種經濟危機之道為何？是在政府對於經濟戡亂有極大之決心。苟有決心而持之以毅力，則並非無法以應付此危局也。以投機之風甚，東北華北與內地之資金聚集中於上海一隅，上海遊資充斥而內地頭寸不足。遊資提高上海之物價，全國物價亦因之而提高，遂使政府不得不加速增加發行而通貨愈形膨脹。去年年底政府鑒於此迫切之危機，乃設置金融管理局。一面發行大鈔，以應急需，一面抽緊銀根，停止貸款，拋售物貨，收回籌碼，嚴密監視市場，限制各地對上海匯款。此各種金融經濟與政治對策實施以後，在上海市場已出發穩定人心之效果。一度紊亂之市場，已趨於平穩。若各地皆能照此嚴格管制而不稍怠懈，則物價不合理之狂漲可免，一時之危機可以挽救矣。

　　然此不過治標之力，而治本之道端在積極整頓財政，使政府不致全靠增加發行以彌補赤字，而尤須盡速改革幣制。抗戰期中以過分利得而成暴富者甚多。據初步估計國人存在美國約有十五億美元之巨。國內之巨額資金尤難統計。政府苟能切實啟收建國特捐，則不但可以平衡收支，且可不依賴美國借款而改革幣制。但豪門與巨富是否甘於捐獻，則在政府之努力耳。且美國除三億緊急借款可以使政府不增加發行外，今年想更有進一步借款之計劃。若能再得五億美金借款，則改革幣制更不成問題。在蘇聯其通貨膨脹之程度遠不及中國而尚毅然改革幣制，我們尚有何顧慮而不肯改幣制乎？幣制一改則經濟穩定，投機與高利貸之風可以革除。遊資可導入工業建設之途，物價自落而人民可以蘇息，經濟戡亂之目的可達。屆時中共或鑒於政府基礎之強固而生悔禍之心，則內亂可平，建國始有希望。是在當局好自謀之矣。〔註2088〕

1月11日，胡先驌致任鴻雋信函。

　　叔永吾兄惠鑒：

　　　　公教人員待遇，政府已宣布調整，據報平津地區物價為十一萬倍，大約日間即可發表。本所人員待遇自亦隨之而調整，但以本所收入有限，茲特擬一月份臨時預算呈核，生活基倍只按十萬倍計算，已較國立機關為小，所有福利金一律取消，二人只有一百六十萬元，尚不包括煤水電研究印刷各費在內。

　　　　一月份姑以此預算為準，二月再說。又國立各大學及研究機關每月均給麵兩袋，每冬煤兩噸，中基會研究教授既云與國立機關仝等待遇，自應發給實物，每月二十萬元差額金，距實物價太遠。茲寄十、十一、十二、一月《華北日報》商情表，請以此為據，如不能發實物，總須使弟有足用之差額，才可買到實物也。

　　　　專此候復，即頌

　　春祺

　　　　　　　　　　　　　　　　　　　　　　　弟　先驌

　　　　　　　　　　　　　　　　　　　十一日（1948年1月）

────────────

〔註2088〕《胡先驌全集》（初稿）第十五卷人文科學文章，第559～561頁。

張肇騫以多年困窘操勞，近日突患咯血之症，雖不甚劇，然殊可慮，今日科學家之命運如此，曷勝一歎。〔註2089〕

1月15日，胡先驌致任鴻雋信函。

叔永吾兄惠鑒：

一月十二日手書敬悉，靜所經費五千五百萬元，決不夠用，務乞提高至六千萬元。廬園照舊，種煙場事由委員會派人視察後，再定辦法甚佳，容俟弟到滬再詳商一次再定。弟大約二月中可來滬，俟中研院通知開會日期後再告。俞大絪當函訊之，弟需款甚急（以陰曆年近，有種種開銷），二、三月薪津盼即日能取用。現中央調整數目已規定，請得此函後，即請劉立三先生核算，航快告知，以便謀匯劃之法，至以為感。至實物差額，數日決定後再補可也。

專此敬頌

時綏

弟 先驌

一月十五日（1948年）〔註2090〕

1月28日，胡先驌致任鴻雋信函。

叔永吾兄惠鑒：

一月二十三日手書敬悉，二十六日上海銀行取款時，何以竟未將弟之一、二月份薪津交付。弟刻正急需款用，已告上海銀行持原收據取款（即請交付以便），盡速劃匯。若改收據，往來周折又須耽擱日子也，至差額金一百九十餘萬元（為數不多），請即另匯，不必加入劃匯款內，以省麻煩，或歸入下月劃匯內亦可。種煙以蔡君之經驗，想不至失敗，一切俟專家視察回來再說。靜所經費之希望，目前頗有寄在種煙一事之上。裁人殊不容易，否則工作難於進行。弟三月二十日左右可乘飛機來滬，以便召開靜所委員會。

〔註2089〕 胡宗剛撰《胡先驌先生年譜長編》，江西教育出版社，2008年2月版，第465頁。

〔註2090〕 胡宗剛撰《胡先驌先生年譜長編》，江西教育出版社，2008年2月版，第465～466頁。

專此敬頌

日祉

弟　先驌

一月二十八日（1948 年）〔註 2091〕

1 月 31 日，《論「二分軍事、三分政治、五分經濟」之戡亂政策》文章在上海《益世報》發表。摘錄如下：

> 蔣主席在江西剿匪時期，鑒於結用兵力不能撲滅勢如燎原之匪勢之效，曾提出「三分軍事、七分政治」之口號，所有政治之設施多以曾、胡二公為法，故終能使「共匪」放棄其老巢瑞金，而作二萬五千里之長征，蹙於西北一隅。若非西安事變，則「共匪」必可全部就殲。然以八年抗戰，一方面中共利用此時機壯大自己，一方面政府戰時財政過分倚賴法幣，發行額增加，造成惡性之通貨膨脹。而勝利以後，東北方面復以環境困難，關於軍事政治措施，未能因應咸宜，致東北九省百分之八十五以上之土地淪陷於「共匪」之手，故目前戡亂較江西剿匪時代困難百倍。

> 然在中共無悔禍之心之局勢下，戡亂乃迫不得已之事。而兩年來之戰役尚未能殲滅匪之主力，亦無法遏匪之流竄。雖政府克復煙台，竟將陳毅匪部逐之南下，然所出之代價亦極重大。但同時傅作義將軍竟能收復張家口，而一年以來「共匪」不敢輕犯察綏兩省，見「破帽子兵」即避之惟恐不速，聲言「不與瘋狂之傅作義拼命」。最近中央鑒於華北局勢之危急，成立華北剿匪司令部，任傅將軍為總司令。一月八日河北省各界開歡迎傅總司令大會。傅將軍致答辭云，深感有絕對信心，打垮「共匪」，今後努力方向為「二分軍事、三分政治、五分經濟」。以軍事掩護政治，以政治開拓經濟，以經濟組織人民，以人民保護政治，最後發揮全力協助軍事，以戡平匪亂。傅氏此言可謂洞見癥結，其強調以經濟關係團結民眾增加生產，以發生政治力量，認識更為透徹，不但在華北戡亂應如此，在全國戡亂亦應如此。換言之，即經濟戡亂重於軍事戡亂也。

〔註 2091〕 胡宗剛撰《胡先驌先生年譜長編》，江西教育出版社，2008 年 2 月版，第 466～467 頁。

在八年抗爭期中，政府之政治與軍事力量遭中共之壓迫，退出華北，「共匪」在鄉鎮與農村中有嚴密之組織，故政府軍作戰處於不利地位。加以貪官污吏，搜克人民無所不用其極，類皆為淵驅魚，惡怪乎「共匪」之勢力之如火燎原乎？聞外籍某將軍語人，中國有三大貪污區，其實貪污何只限於三區域？安徽政治之黑暗已屬第十九層地獄境也。當年四川米價之奇漲，非某公子囤積糧食所造成之乎？不久以前昌黎縣缺一社會科長，有人舉某，而某初不願就職，然就職二三個月後，居然有數千萬元存入銀行。何貪污之風如此其劇也？夫最可畏之貪官污吏厥為縣級人員，鄉鎮保甲長與無知之鄉民接觸，愈能剝削人民，使之無以為生，鋌而走險。故欲以政治配合軍事，必須組織民眾，欲組織民眾必須有廉能之幹部，深入農村，方能有效。陳賡匪部為宛西民團所擊潰，即其一例。而察綏兩省小康之局，即傅將軍政治配合軍事之效也。

經濟戡亂之重要，在今日之嚴重之經濟情況下，久已為人人所重視。然大體言之，尚非絕望。第一，我國為農業國家，食糧差足自給，雖十年兵亂，田園荒蕪，然受害最甚者只屬華北。歷年無重大水旱之災，故在長江以南之農民尚少飢饉之患。復員以後之棉產已達戰前三分之二之地步，且大量物資存於囤積者之手。苟財政、交通有辦法，經濟並不至成大問題。美援到來，幣制改革，經濟危機或可渡過。目前，主計長向參政會駐會委員提出，三十七年度國家總預算，收支竟可平衡，而不必依賴赤字，此殊可滿意之事也。然紙片上平衡乃一事，實際情形又為一事。以予所知，今日最不了者為縣財政，次則為省財政，中央財政如能平衡，固為大佳事，然而地方財政枯竭，則不但庶事不舉，且適以增加人民切膚之痛耳。去年十一月予在南昌，即聞新建縣長之收入每月只有二十萬元，故某縣長就任之日，即命其田糧處長為之籌一千擔穀，以供其公私之用。無疑此一千擔穀又將派於鄉民身上，其中經過鄉鎮保甲長之手，擬派之數或將數倍於此也。一縣如此，他縣當非例外。全國二千餘縣，因縣財政無法，而官吏榨取人民，使之鋌而走險，其危險且在惡性通貨膨脹之上也。

傅作義將軍首能使其幹部無衣食之憂，故其部下無貪污之風，

組織民眾斯為成功。其在收復區之施政方針，注重於經濟，已由政府公布，通令全國施行。吾人盼政府及各省之軍政長官咸能認清「二分軍事、三分政治、五分經濟」之戡亂方針，「使無產變為有產，無職變為有職」。尤望政府在執行經濟戡亂方案時，深切注視縣財政，勿使之無辦法，而增加縣級官吏榨取人民之程度，則戡亂建國之使命或可完成也。〔註2092〕

1月，中央林業實驗所在出版的《林業通訊》（13期）上刊登的一則報導。「本所鑒於中國幅員廣袤，地跨寒、溫、熱三帶，森林植物種類繁蕪，其中於國計民生者甚多，惜無一整個系統之圖籍，可供生產利用之依據。本所特與靜生生物調查所幾度磋商，合作編纂《中國森林植物圖誌》。自本年度（1948年）起，預定10年內全部完成，因應國內林業界之需要，前5年出版主要森林樹木，後5年出版次要森林樹木，實為中國空前之巨著。現正編印第一卷，包括樺木科及山毛櫸科10屬，計圖136幅，說明150頁，明春即可出版。」

2月6日，《勵行雙軌制為現行學制最重要之改革》文章在天津《益世報》（第1版）發表。摘錄如下：

《勵行雙軌制為現行學制最重要之改革》文章

〔註2092〕 胡宗剛撰《胡先驌先生年譜長編》，江西教育出版社，2008年2月版，第467～469頁。

　　我國興辦近代化學校已四十餘年，國家耗費無量數金錢，人民耗費無量時間與精力，然除一部分教育曾收得預期之效果外，因學制不切於人民生活之需要，故不但未能作育成多量有用之人才，反貽國家社會與個人以甚大之損害，此甚可悲之事也。最近教育部之教育研究委員會亦鑒於我國教育有改制之必要，特發出通函，廣徵意見，共提出問題十五條，其一條為現行學制應修正之主要之點，吾以為最主要之點莫如勵行雙軌制，茲特為文以專論之。

　　夫教育之目的，在教人如何增進其智慧，修養其德性，以適應一切生活之環境，故求知與謀生有同等之重要。尤以在貧困之國家，人民受教育不易，謀生亦不易，則教育與謀生尤應有密切之關係。在我國科舉時代，教育只有一目的，即為使人民經過考試制度而為公務員，其他形式之職業，皆認為不在教育範圍之內。科舉時代之積習遺留在新制學校之內直至於今，故今日之學制仍為為升學而設之小學、中學、大學之單軌制度，一如昔日之秀才、舉人、進士、翰林者然。職業學校視為不重要之旁支，國家社會皆不重視之。學生亦非不得已，決不進職業學校。寧變為不稼不穡無謀生技能之小學、中學畢業生，而不願為有工作能力之職業學校畢業生；於是乎每年有成千累萬，程度不佳，既不能升入大學，又不能就業之中學畢業生；而農工商界復不能獲得所需要之中下級幹部。高等游民益多，則社會益不安定，在任何方面皆能發生禍害，此大可畏之事也。

　　挽救之道則在勵行雙軌制教育制度，此雙軌制須自國民教育開始。今憲法規定人民應受義務教育六年，在目前之現狀固無不可，但終應以九年義務教育為將來之目標。而國民教育自始即應與職業教育打成一片，今日之大多數人民所以不重視教育者，以其子弟所受之義務教育，無補於其求生之道也。若能在其受義務教育之期間，同時講授其生活環境所需要之專門知識，則教育於其生活確有裨益，為父母者必樂於使其子弟受教育矣。固國民學校應分為數類，而各類國民學校之數額應視人民之職業之百分比而定。各鄉村受義務教育者多為農民之子弟，而農民占我國人口百分之八十，則全國百分之八十之國民學校即應為初級農業學校，百分之十五之國民學校應為初級工業或商業學校，僅有百分之五為預備升學之普通國民學校。

苟如此則將大有造於人民之生活，亦將有益於國家之經濟矣。

　　然此亦重大之改革，殊非輕而易舉者。第一為師資問題。欲造就可以教授國民學校中農工商專門課程之大量師資大非易事，必須大規模興辦鄉村師範學校，尤須先造成鄉村師範學校之師資，其次則在普通師範學校中另辦工商業專修班，且須有充分之農場工廠之設備，方能造成良好之師資。再則在國民學校自身，亦需有小農場與簡單之機械設備，則尤非易事。然此為一重大目標，必須排萬難以赴之。

　　雙軌制之中等教育，因國民學校改為九年，則只有高級中學與中等職業學校兩類。此兩類學校之數量，亦應視職業人口之百分比而定。普通之高級中學為升入大學而設，其程度宜提高，甄別宜嚴。職業學校取錄與甄別皆宜從寬，凡天資較低為高級中學所擯棄之學生，職業學校可儘量收容之。如是則大學所收者，盡為高材生，而天資較低者皆可獲得職業教育而資以謀生焉。

　　雙軌制之高等教育，設普通大學與專科學校兩類。前者注重理論，後者注重實用。但專科學校亦須有良好之師資與充實之設備。此類學校視其性質最宜設在某項事業最發達之區域，且須與該項事業取得密切之聯繫，庶學生易得實地練習之機會。而各項事業亦易於獲得其所需要之幹部，即在師資設備上，學校亦易獲得各項事業之仰助焉。

　　此外為使人民易於獲得職業教育計，各專科學校宜設大規模之推廣部，使正在從事工作之人，可以餘暇獲得受專科教育之機會。修習期滿之後予以考試，及格之後，得授予某學科及格之證書，以為彼就業之憑證。並須使彼有機會可入專科學校補修若干課程而得正式畢業。即一般大學亦宜有一種彈性規定，使專科學校畢業生可以補修大學課程而在大學畢業。

　　如此勵行雙軌制之後，人民得實用之知識與技能之機會大增，於國家、於個人皆有裨益。今年全國教育大會在春間將召開，甚望我教育界同人盡力主張此種重要之改革，尤望教育當局能不避困難，努力以達成此目標，則國家之幸也。〔註2093〕

〔註2093〕《胡先驌全集》（初稿）第十五卷人文科學文章，第564～565頁。

2月17日，胡先驌致韓安信函。

竹坪吾兄惠鑒：

日前得奉手教，敬悉一是。關於《森林植物樹木圖誌》減少冊數事，殊不可能。蓋圖已製成七十餘幀，每幀皆印有兩百張，若減少冊數，即有大量紙張被廢棄，故只有將山毛欅科之山毛欅栗與錐栗三屬六十餘圖，與青岡屬 Pasania 六十餘圖合成一本發行，於此則不但此冊缺紙之問題解決，今年度用紙之量亦可稍減，於貴所之經濟以不無裨益也。在此國家經濟極度凋敝之際，能有此書問世，亦吾兩所之光榮，吾兄想亦有同感乎。

專此即頌

春綏

弟　胡先驌　拜啟

二月十七日（1948 年）〔註2094〕

胡先驌平時出差使用的航空皮箱

2月25日，胡先驌致任鴻雋信函。

叔永吾兄惠鑒：

二月二十三日手書敬悉，公私款項想均已交上海銀行。所中近來經費極緊，以近來科學活動郵費不貲，而去年水管凍裂，曾費去修理費八九百萬元，尚有未修之部分，以無款未修理。在去年尚欠圖書館煤水費約一千五百萬。一、二兩月須三千萬元，擬請換美金

〔註2094〕胡宗剛撰《胡先驌先生年譜長編》，江西教育出版社，2008 年 2 月版，第 469 頁。

一百元，劃匯來平，暫還圖書館，今年之費則後還，希望美金官價更能提高也。廬山植物園一千萬元，決不能維持，非三千萬元不可。幸價讓出定名黏貼之植物標本五千份與江南大學，得款兩億元，已由楊宜之電匯一億與陳封懷，另一億不日即可劃匯來平，此間放息可達二十分。俟放息後，即可以匯植物園之款供建築之用，植物園如此可以維持一時。惟下月所中經費尚須設法增加，尤須購買紙張，以供印彙報之用，尚有種種計劃須待下月到京面談。致蔡希陶函甚好，弟當作函與之，俾協助朱君在滇進行各事。Chaney 已到京飛渝視察水杉，水杉種子已寄哈佛，發芽甚好，Merrill 與 Verdoorn 均作文大為宣傳，並募款來華採集。此發現震動世界，亦靜所之光榮也。

專此敬頌

春祺

弟 先驌

二月二十五日（1948 年）〔註 2095〕

2 月，重新進行國民黨員登記。對在 1946 年以前入黨的黨員，發給國民黨中央黨部印發的黨證。

國民黨登記黨員時，重發黨證，我沒有登記，於是就算脫了黨，心裏頗覺得舒服。〔註 2096〕

2 月，北平師範學院薦舉該校胡先驌為部聘教授。〔註 2097〕

3 月 8 日，胡先驌致蔣英信函。

菊川仁弟惠鑒：

三月四日手書敬悉，所開名單人數過多，如任叔永、朱家驊、羅宗洛諸先生對陳師均不滿，決不肯列名，即裴鑒、秉農山先生亦不願列名，鄒魯、孫科恐亦不便相邀。驌意列名者，以植物分類學家為主，兼中山大學王校長諸人即已足生色矣。金曾澄、齊敬鑫、

〔註 2095〕 胡宗剛撰《胡先驌先生年譜長編》，江西教育出版社，2008 年 2 月版，第 470 頁。

〔註 2096〕 胡先驌著《對於我的舊思想的檢討》，1952 年 8 月 13 日。《胡先驌全集》（初稿）第十五卷人文科學文章，第 629～640 頁。

〔註 2097〕 牛力《民國時期部聘教授制度的意蘊和終結》，《江海學刊》2022 年第 4 期。

陳兼善、費鴻年諸人曾接洽過否？乞示。任國榮肯列名否？若不得其同意，反引起反響，更為不佳也。茲將原單塗改寄呈一閱，仍盼寄回，以作最後根據，一俟寄回即撰通啟付印也。

　　專此即頌

平安

驌　拜啟

三月八日（1948 年）

　　國外但發一消息登載 Chronica Botanica 即足，可由弟等擬好，在八、九月直寄美國 Verdoorn 可也。又及。〔註2098〕

　　3 月 13 日，《今日自由愛國分子之責任》文章，在《武漢日報》發表。交代寫作動機：

　　　　在《今日自由愛國分子之責任》中，我響應了司徒雷登所發表的致中國人民書，希望自由愛國分子能領導民族，能組織一新政黨，在新憲法之下，積極盡其責任，以解決國家問題。認為新憲法告成，民權之基礎已立，正自由愛國分子領導民族以實現民主，為平民謀福利之時，我認為今日中國所需要者，為認清……之威脅，而又不肯與腐化分子同流合污之知識階級人士組織一類似英國工黨之左翼政黨，不用陰謀或叛敵以圖推翻現在之政府，無寧協助政府以謀在政治經濟與土地政策作重要之改革。這簡直是青天白日作改良主義的迷夢。我那時候不知道在中國改良主義派是沒有社會基礎的，也不可能有社會基礎的，想建立一個類似英國工黨之左翼政黨是不可能的，想反動政府採取任何緩和社會改革的改良主義的社會政策都是不可能的，主張任何改良主義便是幫助反革命，而我一貫所寫的改良主義的文章，都是幫助反革命的。〔註2099〕我知道這是美國的主張，我以為有美國的支持，這組織中間路線的黨是可以成功的，所以我寫了《今日自由愛國分子之責任》一文，以響應司徒雷登所發表的《致中國人民書》。我是一貫親美反蘇的，我在認識國民黨反

〔註2098〕胡宗剛撰《胡先驌先生年譜長編》，江西教育出版社，2008 年 2 月版，第 471 頁。

〔註2099〕胡先驌著《對於我的舊思想的檢討》，1952 年 8 月 13 日。《胡先驌全集》（初稿）第十五卷人文科學文章，第 629～640 頁。

動派一定要垮臺的時候，還是那樣的積極的寫文章，我還是想憑藉美國的支持來組織一個中間路線的黨，來攫取政權，我的許多政治主張便可以實現，我的政治地位也會提高。……我常希望我以學者名流的資格，一方面保持我的科學崗位，一方面以委員或顧問的名義，甚或不要名義參加政府，以便隨時發表我的政見，以左右政局。我對於拉斯基在英國工黨中的地位是羨慕的，這全是我個人自私自利的思想。但是假如中間路線的人士不能獲得政權，我寧可依賴反動政府，而不願翻身，這便是我的反革命、反人民的真面目。我當初以為我的思想是進步的，實際上經過仔細的分析，才知道我的思想與我所發表的文章妨害革命的成功，比赤裸裸的反動思想還要利害，這是我要嚴格批判而低頭認罪的。〔註2100〕

3月13日，《今日自由愛國分子之責任》文章在《武漢日報》發表。同年3月31日，轉載於《經世日報》。摘錄如下：

二月十九日美國杜魯門總統向國會提出美國之援華計劃，同日美國駐華大使司徒雷登在下午三時招待中外記者，發表《致中國人民書》，說明美國政府與人民期望中國獲得自由與獨立，國內之和平與繁榮，以及真正現代化民主政府之建立，且特別聲稱問題重點在增進一般平民福利，使其不受極端反動自私分子與極端激烈分子橫暴革命手段之威脅，並闡明民主政府不僅為民享，而且為民治之政府，人民宜不斷以開明輿論監督政府，防止官吏亂用職權，希望中國之自由愛國分子與全國各界共同本建設而漸進之步驟，促成整個國家統一與和平進步。

二十二日晚，司徒大使接見中央社英文部主任馮國楨云，彼曾告合眾社記者云：在中國目前面臨如此最嚴重之情勢時，凡愛其國家者，尤其受教育之愛國人士，似有一極大之機會與責任，以群策群力，研究何者為國家之問題，且喚醒並指導全國人民，俾使渠等得以實現民主政府。又稱：渠之所以特別指出知識分子與受教育者，乃因彼等具有領導民眾之能力。渠以為此輩人士大可組一新黨，而

〔註2100〕胡先驌著《對於我的舊思想的再檢討》，1952年8月18日。《胡先驌全集》（初稿）第十五卷人文科學文章，第641～646頁。

對政府作建設性之批評。亦可成立若干團體，以倡導若干有關改革之主張及進步的運動。並謂若干大學之教授對於政府所採取之消極態度，使渠至感驚詫，渠願其中若干批評政府而未曾有所作為者，應於新憲法之下積極盡其責任，以協助解決國家之問題。司徒大使誕生於中國，畢生為中國服務，在抗日戰爭中，尤為中國出力，至受為日寇拘囚數年之苦。自任大使以來，竭盡心力協助中國以獲取和平。而鑒於中國今日國事之日非，乃於美國大總統提出援華計劃時，發表《致中國人民書》，對於中國自由愛國分子寄以莫大之希望。此我國民所宜衷心感謝，而自居於自由愛國分子者所應覺悟愧悔者也。

中國政府雖號稱服膺三民主義，而對於民權與民生主義並未見諸實施。二十年訓政期間，民主自由徒為口號。而在艱苦抗戰情況之下，貪官污吏軍閥奸商，作奸犯科，因緣為利，視滿清與北洋軍閥時代，倍蓰十百。遂至萬眾離心，奸民鋌而走險，共黨之禍，如火燎原，國事敗壞，日甚一日。今幸新憲法告成，民權主義之基礎已立，正自由愛國分子領導民眾以實現民主政治，為平民謀福利之時。然因極端反動自私分子與極端激烈分子，兩種集團均有嚴密組織，且二者均認黨派與個人利益遠高於貧窮民眾之利益。而一般自由愛國人士，以無組織故無力量，無力量故對於國事乃採取消極態度，或憤世嫉俗，徒知謾罵；或愛惜羽毛，噤若寒蟬，不能精誠團結以造成一種可以左右政治之力量，以領導人民與政府以求穩健而徹底之改革，此真自由愛國人士之羞也。今日之政局，已達窮則變與不得不變之境界，但凡非極端反動自私分子而有一份愛國之心者，無論為官吏、為軍人、為黨員、為學生、為各階層職業人民，皆認為徹底重要之改革已刻不容緩。貪污無能與作奸犯科之官吏必須淘汰，政府與經濟之積弊必須清除。但以領導無人，使力量不能集中，政府遂亦不重視其呼聲。政府無有力量之輿論為之支持，故亦投鼠忌器，而不敢為斷然之改革。此所以司徒希望知識分子與受教育人士組一新黨，對政府作建設性之批評，以倡導若干有關改革之主張及進步之運動也。

兩年以來，作者屢與智識分子談及另組新黨之必要。國民黨中

雖有愛國之士與賢明之領袖，但極端反動自私之分子，在黨中操有
甚大之權力，使黨政無由革新。前年夏間青年團在牯嶺夏令營中，
即有另行組黨之運動。蓋有血氣之青年，不忍坐視其本黨之腐化
也。終以屈於外力，組黨之運動失敗。至去年黨團合併，而革新運
動匿跡銷聲。民盟則以甘為中共之工具而致分裂，一部分成為政府
之友黨，但求在政治上分一杯羹；一部分則變為共黨同路人，而為
國人所唾棄。今日中國所需者，為認清共產主義之威脅，而又不肯
與腐化分子同流合污之智識階級人士，組織一類似英國工黨之左
翼政黨，不用陰謀或叛亂以圖推倒現在之政府，無寧協助政府以謀
在政治經濟與土地政策上作重要之改革。作者深信登高一呼，其應
必響。今日之地方政府長官已有自動作此重要之改革者，如閻錫山
在山西、劉建緒在福建之分田及廣西省政府之限田條例，皆證明重
大之改革，不必賴共黨始能實行。吾以為若各大學之教授，各農工
商業之技術家，各研究機關之科學專家，若全國一致組織成一偉大
之進步政黨，則極感煩悶之青年與各階層之民眾，必群趨於其旗幟
下，而造成一不可禦之勢力。此勢力可以遏阻共產主義之狂潮，亦
可助政府之賢明領袖掙脫其黨內極端反動自私之分子之束縛，而
利用美援從事戡亂與建國。語云：皮之不存，毛將焉附。時機迫切，
不容袖手旁觀，否則覆巢之下，將無完卵矣。自由愛國分子，當其
勉旃。〔註2101〕

3月15日，胡先驌致任鴻雋信函。

叔永吾兄惠鑒：

三月十日手書奉悉，弟盡可能於二十二日以前趕到，俞大絃亦
將設法趕到也。此次弟將提兩議案，一為增加預算開闢財源案，一
為適應時局決定大計案。請即列人議程為荷。近著一時論，特以呈
教。此間各教授頗有組黨之意，而深以胡適之不能領導為憾。吳景
超、錢端升、周炳琳等已有一新組織，惜不肯公開承認反共，故與
另一派人不能相合也。

〔註2101〕 胡宗剛撰《胡先驌先生年譜長編》，江西教育出版社，2008年2月版，第471
　　　　～474頁。

　　專此即頌

時綏

　　　　　　　　　　　　　　　　　　弟　胡先驌

　　　　　　　　　　　　　　三月十五日（1948年）〔註2102〕

3月19日，雲南農林植物研究所進行煙草育種及研究試驗工作。

　　　3月19日，雲南省煙草推廣委員會第六次會議通過決議，繼續
委託農林植物所進行煙草育種及研究試驗工作，闢煙地90畝。供雲
南省煙改進所煙籽483市斤。〔註2103〕

　　3月23日，雲南農林植物研究所與雲南煙草改進所繼續簽訂《特約煙草
育種及研究實驗合約》。3月19日，雲南煙草推廣委員會第六次會議通過決
議，繼續委託雲南農林植物研究所進行煙草育種及研究試驗工作。胡先驌對煙
草研究非常重視，解決了經費，又有科研項目，早先曾與雲南煙草改進所簽訂
煙草試驗研究合同。全文如下：

　　　立合約人雲南農林植物研究所（以下簡稱乙方）茲接收雲南煙
草改進所（以下簡稱甲方）委託特約，繼續研究煙草試驗工作及培
育推廣所需之優良籽種，雙方議定條款如左，以資信守。

　　　一、本年甲方委託乙方煙草試驗工作為下列各項：

　　　1. 繼續三十六年之工作，完成各種美煙馴化栽培之試驗。

　　　2. 繼續優良美煙種子之保育。

　　　3. 繼續煙草新品種之育種試驗。

　　　4. 煙葉燃燒性與肥料關係之試驗。其工作程序由乙方擬具詳細
計劃送交甲方備查。

　　　二、乙方本處栽培畝數及收煙收籽數量預計如下：實驗區計10
畝。育種區80畝。所收籽種800市斤。附帶收穫各等煙葉最少5000
市斤。均為甲方所有。

　　　三、甲方本年補助乙方研究試驗費總計預算數柒億三千陸佰萬

〔註2102〕　胡宗剛撰《胡先驌先生年譜長編》，江西教育出版社，2008年2月版，第474
　　　　　～475頁。
〔註2103〕　中國科學院昆明植物研究所編委會編《中國科學院昆明植物研究所簡史
　　　　　（1938～2008）》，2008年10月版，第4頁。

元，一次付清，以後不論物價漲跌，均不得申請追加或退還。

四、乙方應按季將工作情形須編具報告送交甲方，甲方得隨時派人前往考察。

五、乙方於年終工作結束後，須編具詳細研究報告送交甲方備查。

六、本合約限期一年，期滿經雙方會商修正繼續之。

七、本合約雙方同意必須嚴格遵守，如甲方不按期付款，乙方對工作不負責任。如乙方按期已領款完竣，年終不能履行合約所定各項工作時，需將所領之款加倍退還甲方。惟如遇重大災害為人力所不能抵抗，經甲乙兩方調查屬實者，不在此限。

八、本合約共繕五份，甲乙兩方及中證人各執一份，另兩份呈送雲南省建設廳備案並轉報省政府備案

　　　　　　　　立合約人：雲南煙草改進所所長　褚守莊

　　　　　　　　　　雲南農林植物研究所所長　胡先驌

　　　　　　　　　　　　　副所長　蔡希陶

　　　　中證人：雲南農林改進所所長　秦仁昌〔註2104〕

3月，雲南農林植物研究所栽種煙草90畝，收煙籽483斤。該所為以後煙草作為雲南省支柱產業提供科學技術保障。1949 年後，大金元品種，成為雲南最適宜栽種煙草，從而在全省推廣，奠定了雲南省第一大支柱產業，為經濟發展作出了重大貢獻。1950 年 12 月，胡先驌在《北京的科學運動與科學家》一文中，回憶該所成績時，寫道：「該所除採集雲南植物標本外，並採集種子苗木，栽培園藝植物，尤以栽培育種美國煙葉成績最佳。」〔註2105〕

3月25日～27 日，中央研究院評議會進行選舉，選出 81 名院士。

　　　參加在南京雞鳴寺中央研究院院部舉行的評議會第二屆第五次會議，任務是院士選舉。會議通過《國立中央研究院院士會議規程》，院士會議開會時以院士全體三分之一出席為法定人數，任務是選舉院士及名譽院士；選舉評議員；議訂國家學術方針，討論政府委託

〔註2104〕中國科學院昆明植物研究所編委會編《中國科學院昆明植物研究所簡史（1938～2008)》，2008 年 10 月版，第 102 頁。

〔註2105〕黃萍蓀主編《北京史話》上冊，子曰出版社，1950 年 12 月版，第 78 頁。

事項等。院士會議選舉時,將院士候選人名單及選舉籌備委員會所
提文件,分組對每一位候選人加以討論,候選人經改組評議員出席
人數五分之四投同意票者,提出全體會議報告後為當選。數理組李
書華、生物組秉志,人文組胡適為召集人報告各組院士候選人資格
審查結果。用院士候選人公告名單,依法定各組名額,及出席人數
五分之四投票同意票者為當選之規定,無記名投票選舉,超過規定
名額者無效,並推數理組李書華、周鯁生,生物組胡先驌、茅以升、
人文組錢崇澍、莊長恭分別為開票監票(出席二十五人,以達二十
票者為當選)。第一次選出院士67人,第一次補選院士11人,第二
次補選1人,第三次補選1人,第四次補選1人,連續五次選舉,
選出院士總計81位。

中央研究院第一屆院士81位名單

數理組(含數學、物理、化學、天文、地學、技術科學)共28人:

姜立夫、許寶騄、陳省身、華羅庚、蘇步青、吳大猷、

吳有訓、李書華、葉企孫、趙忠堯、嚴濟慈、饒毓泰、

吳　憲、吳學周、莊長恭、曾昭掄、朱家驊、李四光、

翁文灝、黃汲清、楊鍾健、謝家榮、竺可楨、周仁、

侯德榜、茅以升、凌鴻勳、薩本棟。

生物組(含生物、農學、醫學、人類學、心理學)共25人:

王家楫、伍獻文、貝時璋、秉志、陳楨、

童第周、胡先驌、殷宏章、張景鉞、錢崇澍、

戴芳瀾、羅宗洛、李宗恩、袁貽瑾、張孝騫、

陳克恢、吳定良、汪敬熙、林可勝、湯佩松、

馮德培、蔡翹、李先聞、俞大紱、鄧叔群。

人文組(社會科學)共28人:

吳敬恒、金岳霖、湯用彤、馮友蘭、余嘉錫、胡適、

張元濟、楊樹達、柳詒徵、陳垣、陳寅恪、傅斯年、

顧頡剛、李方桂、趙元任、李濟、梁思永、郭沫若、

董作賓、梁思成、王世杰、王寵惠、周鯁生、錢端升、

蕭公權、馬寅初、陳達、陶孟和。

請核定1948年度各項獎金受獎人案,推定周鯁生、王世杰、胡

適為楊銓獎金審查人，由胡適召集；羅宗洛、陳楨、胡先驌為丁文江獎金審查人，由胡先驌召集。〔註2106〕

1948 年 3 月 25 日中央研究院評議會第二屆第五次年會合影第二排右 3 胡先驌

中央研究院生物組院士選舉得票情況，此名錄前 25 位當選。胡先驌以 23 票當選生物組院士。得票情況分別是：

1. 王家楫 24 票；2. 伍獻文 20 票；3. 貝時璋 18 票；4. 秉志 23 票；5. 陳楨 25 票；6. 童第周 19 票；7. 胡先驌 23 票；8. 殷宏章 20 票；9. 張景鉞 20 票；10. 錢崇澍 22 票；11. 戴芳瀾 23 票；12. 羅宗洛 22 票；13. 李宗恩 25 票；14. 袁胎瑾 20 票；15. 張孝騫 20 票；16. 陳克恢 22 票；17. 吳定良 21 票；18. 汪敬熙 24 票；19. 林可勝 25 票；20. 湯佩松 23 票；21. 馮德培 22 票；22. 蔡翹 23 票；23. 李先聞 19 票；24. 俞大紱 19 票；25. 鄧叔群 21 票；26. 胡經甫 3 票；27. 陳世驤 1 票；28. 劉承釗 0 票；29. 秦仁昌 7 票；30. 裴鑒 0 票；31. 劉慎諤 9 票；32. 饒欽止 0 票；33. 胡正祥 1 票；34. 洪式閭 11 票；35. 馬文昭 1 票；36. 湯飛凡 19 票；37. 馮蘭州 0 票；38. 劉崇樂 5 票；39. 劉士豪 0 票；40. 陸志偉 17 票；41. 臧玉淦 0 票；42. 馮澤芳 19 票；43. 趙連芳 16 票；44. 朱洗 14 票。〔註2107〕

〔註2106〕陳勇開、吉雷、鄒偉選編《國立中央研究院評議會第二屆歷次年會記錄》，楊斌主編《民國檔案》總第 133 期，2018 年第 3 期，第 29～33 頁。
〔註2107〕胡宗剛的博客：http://blog.sina.com.cn/huzonggang

1948 年 3 月 29 日國民政府召集的「行憲國大」在南京開幕，胡適（中）題「皆兄弟也」。胡先驌（右 2）、胡定安（右 1）、胡世澤（左 2）、胡煥庸（左 1）

3 月 31 日，胡先驌致胡適信函。

適之吾兄惠鑒：

數月不見，為念，敝所積年工作，中基會諸董事知之，或非詳盡。最近與叔永兄商定，敬以敝所全部刊物分贈諸董事，茲以一分，奉贈。即希查收，如不欲存留，即請轉贈貴校圖書館為荷。附呈舊詩數篇，較之近人之新詩優劣如何？一笑。

專此，敬頌

鋒祺

弟 胡先驌 拜啟

3 月 31 日（1947 年）〔註 2108〕

3 月，參加蔣介石宴請的中央研究院評議員和院士會議。

蔣介石在宴請中央研究院評議員和院士的時候，特別找我說了幾句話，有一次要我去見他。我因厭倦政治，不肯和他親近。〔註 2109〕

〔註 2108〕 熊盛元、胡啟鵬編校《胡先驌詩文集》（上下冊），黃山書社 2013 年 8 月版，上冊書前圖片第 8 頁。

〔註 2109〕 胡先驌著《對於我的舊思想的檢討》，1952 年 8 月 13 日。《胡先驌全集》（初稿）第十五卷人文科學文章，第 629～640 頁。

　　3月，《論今後我國之外交政策》文章在《文化先鋒》（第 8 卷第 12 期，第 1～2 頁）發表。同年 6 月 8 日，轉載於天津《民國日報》。

　　　　《論今後我國之外交政策》，我雖擁護聯合國，期能實現聯合國
　　世界和平，但實質上仍是反蘇聯的。故認美國扶植日本，在使日本
　　可以抵禦共產主義之潮流，寧有一有抵抗蘇聯之能力之友邦日本，
　　而不願有一為蘇聯所征服而共產主義之日本，然而在蘇聯指揮下之
　　共產主義化之日本威脅中國之生存遠較美國扶植之日本為大。可見
　　我那時敵我不分到了何種嚴重的程度。〔註 2110〕

　　3月，《我國植物地理概論》文章在《林業通訊》（第 6 期，第 3～5 頁）發表。此文為胡先驌於 1947 年在中央林業實驗所周會專題演講之演講詞，薛紀如記錄。摘錄如下：

　　　　我國地形複雜，植物種類極為繁茂。欲窮其究竟，必首先明瞭
　　其於地理方面之分布，欲達此目的，則又必須先檢討古代情形。惟
　　此處所指之植物，僅限於種子植物且以樹木為主。

　　　　（一）地史上森林之分布

　　　　今世森林之分布情形，與古代大不相同。吾人依據植物化石標
　　本，推知之於古生代之志留紀、泥盆紀期間即有鱗木，印章木發生。
　　至石炭紀則甚發達。及至中生代至二疊紀則此等植物漸衰，代此而
　　起者為羊齒類之 Callipteris 與松柏類之 Walchia。再至侏羅紀白堊紀，
　　亞蘇鐵 Bennettitales 與松柏類等裸子植物極為繁茂，形成浩大森林。
　　闊葉樹類於白堊紀已有化石發現，惟直至新生代始見發達。

　　　　中生代地面情形與今迥異，是時蒙古高原尚未升起，喜馬拉雅
　　與歐洲之阿爾卑斯山均未形成。地中海下延將中國與印度分開，北
　　冰洋則由 Obie Sea 與印度洋相接，故北方氣候溫暖而富熱帶樹木，
　　此種情形直到近生代至第三世紀初。蓋第三紀後期有強烈之造山運
　　動，喜馬拉雅、阿爾卑斯、比利牛斯、與美國之落磯山，均於此時
　　生成。繼此氣候驟寒而有冰川發生。歐洲大部為冰川所掩沒，且向
　　南伸張直達阿爾卑斯山、帕米爾、庫頁島及美國之加里福尼亞州，

〔註 2110〕 胡先驌著《對於我的舊思想的檢討》，1952 年 8 月 13 日。《胡先驌全集》（初稿）第十五卷人文科學文章，第 629～640 頁。

此時為冰川所掩沒之植物大部分死亡。例如最近在萬縣利川一帶所發現之水杉樹 Metasequoia glyptostroboides 於白堊紀及第三紀時有十種之多，且分布，歐、亞、美三洲甚廣。目前僅見於我國雲南、香港、臺灣一帶之穗花杉 Amentotax us argotaenia 在美國加利福尼亞州曾有化石發現（Amentotaxus californiea）。此外現時歐洲所無之 Pseudolarix, Keteleeria 等均在歐洲發現化石，實則冰川發生時植物常向南遷移且有直抵海南島者（如 Pinus, Carpinus）。氣候復暖冰川縮退後，此等植物則又北移或上山。如 Pinustabulaeformis 於北方生於平地，於牯嶺則變為 Pinus hwangshanensis，需生於 1000m 以上之山間，惟亦有能適應於低地環境者如 Pinus massoniana 是。我國受冰川之影響較少，植物種類因而較多。以裸子植物而論，種類之多實為他國所不及。考其來源則不外三處：（1）來自北方者如 Pinus, Abies, Picea, Larix 等。（2）來自南方者如 Podocarpus, Libocedrus, Dacrydium 等。（3）為我國所固有者如 Pseudolarix, Glyptostrobus, Taiwania, Fokienia, Cunninghamia 等是。

（二）現今森林之分布

1. 我國植物分布之特點：

（A）我國植物種類繁多，占世界第一位，被子植物木本之屬（Genus）有 95％產於我國，而於我國又以雲南植物種類最繁，故云南可能為世界種子植物之發源地。

（B）時有特殊之新科新屬或新種發現，如 Rhoipteleaceae, Caryojuglans, juodendron, Rehderodendron, Melliodendron, Sinojackia, Metaseguoia 等，且有許多為我國所特產。

（C）我國東部與西部植物常相同，此因我國山脈多東西行，而植物由東向西，分布之情形很普通如 Castanopsis tibetana 由浙江西向分布於粵、桂、湘、黔等地。

（D）我國東部以樟科 Lauraceae 最普遍，西部則以山毛櫸科 Fagaceae，茶科 Theaceae，及木蘭科 Magnoliaceae 為主。

（E）海南島與臺灣雖同屬亞熱帶區域，然前者植物與安南相靠近，後者則富日本色彩，蓋因來源相異故也。

2. 我國森林之區分：依據自然環境與植物之天然分布可區分為

以下各區系：

（1）蒙新區：此區雨量稀少，冬季嚴寒，沙漠以北為草原，沙漠本身為不毛之地，僅有檉柳（Tamarixsp.）梭梭樹（Saxaul, Haloxylon ammonodendron）等耐寒植物生長其間，山區有 Abies, Picea 等，但為量不多，此外可見者尚有胡楊 Populuseuphratica，白榆 Ulmuspumila, Betula pubescens 等。

（2）東北區：包括東北各省，此區雖處亞寒帶，然雨量充沛，土質肥美，形成廣大森林，其間以針葉樹為主，如黃花松 Larix gmelinii，海松 Pinus koraiensis，臭松 Abies nephrolepis，沙松 Abies holophylla，魚鱗松 Picea jezoensis，白樺 Betula platyphylla，胡核桃 Juglans mandshurica，遼楊 Populus maximowiczii 等。

（3）華北區：主要樹木有樺木屬（Betula），榛屬（Corylus），油松 Pinus tabulaeformis，側柏 Thuja orientalis，臭椿 Ailanthus altissima，毛白楊 Populus tomentosa，泡桐 Paulownia fortunei，白榆 Ulmus pumila，槐 Sophora japonica，柳 Salix matsudana 等。昔時 Pinaceae 植物生長良好不亞於東北，如東陵清朝封閉 300 年而形成大森林。惜自民國以來，時加砍伐，至今已去 90%。將來華北造林應以東陵為中心，逐漸向外展開。所用樹種仍應採用原來之針葉樹類。

（4）華中區：包括皖、贛、湘、鄂、豫，與浙、川、蘇之一省，除秦嶺大巴及伏牛山外，多在 200m 以下，主要樹種有：杉木 Cunninghamia lanceolata，馬尾松 Pinusmassoniana，黃山松 Pinushwangshanensis，紅豆杉 Taxus chinensis，香榧 Torre yagrandis，黃檀 Dalbergia hupeana，麻櫟 Quercus acutissima，栓皮櫟 Quercu svariabilis，甜櫧 Castanopsis eyrei，大葉錐栗 C. tibetana，珍珠栗 Castaneahenryi，樟樹 Cinnamomum camphora var. glaucescens，光皮樺 Betula luminifera，香椿 Cedrelasinensis，烏柏 Sapium sebiferum。

（5）華南區：本區包括浙南、福建、廣東、廣西以及四川盆地。此區杉木出產最多，其次如馬尾松 Pinus massoniana，粵松 Pinus kwangtungensis，長芭鐵杉 Tsugalongibracteata，福建柏 Fokienia hodginsii，水松 Glyptostrobus pensilis，干柏 Cupressus funebris，肉桂 Cinnamomum cassia，茶 Camellia sinensis，油桐 Aleuritesfordii，

荔枝 Litchichinensis，橄欖 Canarium album，槭 Acersp.，攀枝花 Bombaxmalabaricum，楠木 Phoebe bournei, P. nanmu。

（6）西南高原區：包括川西、滇北、西康、青海等地。全區均係高山地帶，針葉樹，天然林蘊藏極豐。主要樹種有：冷杉 Abies fabri, Abies squamata, Abiesrec urvata，雲杉 Picea asperata，鐵杉 Tsuga chinensis，滇柏 Cupressus duclouxiana，油松 Pinus tabulaeformis，高山松 Pinus densata，香樺 Betula insignis，五角楓 Acer mono 等。

（7）亞熱帶區：包括滇西南、廣西南部，及海南島。主要樹種為我海南松 Pinusfenzeliana，肖楠 Libocedrus macrolepis，淚杉 Dacrydium pierrei，爪哇羅漢松 Podocarpus javanicus，椰子樹 Cocos nucifera，喙核桃 Caryojuglans integrifoliolata，紅豆樹 Ormosia fordiana，千年桐 Aleurites montana，木棉 Gossypium barbadense，以及福建柏，各種錐栗、青岡、櫟樹等。

（8）臺灣區：本區主要樹種有紅檜 Chamaecyparis formosensis，扁柏 Chamaecyparis obtusa，杉木 Cunninghamia lanceolata，臺灣杉 Taiwania cryptomerioides，臺松 Pinusformosana，樟 Cinnamomum camphora 等。〔註2111〕

3月，胡先驌對行政院秘書長甘乃光發言不滿。

現代文明國家之學術體系，設置多種系列和多重等級，其中院士乃為至高，稍具文化常識者當知之。而1948年3月中國評選出第一屆院士，不知院士頭銜之重者，當大有人在，因其時之中國尚處向現代文明轉型時期，文化普及程度不夠。但其時之國民政府行政院秘書長甘乃光卻不知，實屬醜聞，不可原諒。甘乃光在出席第一次院士會議時，代表國民政府致辭，竟將院士與碩士、博士等量齊觀。關於此事，第二年出版之《論語》雜誌有一則報導：國立中央研究院舉行評選院士盛典，事前院方柬邀行政院長張岳軍（群）院長出席觀禮，張院長以處理要公不及親臨，使甘秘書長代表前往。甘氏即席致辭，勉諸院士努力為學，期與西洋之博士碩士媲美。是日，到會膺選為院士者，多在海內學術界素有地位之績學之士，百

分之九十以上俱已獲得歐美之博士頭銜，且院士身份遠高於博、碩，宣書報紙，見載綦詳。堂堂行政院秘書長乃以低眼估之至此，會眾譁然，群相憤慨，以為遭受莫大之侮辱。胡先驌尤忿激，欲聯名致書張院長質詢「甘某是否代表行政院發言？若是，則行政院究竟困醒了沒有？」（上海書店出版社編《民國世說》，上海書店出版社，1997 年，33 頁）〔註2112〕

春，胡先驌贈汪振儒水杉論文及種子。

汪振儒得到胡先驌的水杉種子，開始對水杉種苗進行系統研究。之後胡先驌將《水杉新科及生存新種》論文抽印本轉送汪振儒。〔註2113〕

4 月 1 日，中央研究院公告：

茲經本院第二屆評議會第五次大會依法選定院士，數理組二十八人，生物組二十五人，人文組二十八人，特為公告如後。名單略。〔註2114〕

4 月 11 日，胡先驌致任鴻雋信函。

叔永吾兄惠鑒：

別後弟於七日起程，九日到津，十日返平，一路安善。惟此次竟遭遇一意外事，蓋中國旅行社代購之船票乃屬於上一星期者，不能使用，臨時購票，鈔又不足，十分狼狽。幸遇浙大前任教授朱重光，借與八百萬元，始克購票成行，不知中國旅行社何以開此玩笑。茲將原票寄還，請囑原經手人向中國旅行社索回票價匯下為感。又閱報教育部發言人云，在生活指數未公布前，平津區教授職員薪津暫按三月份加倍發放，則弟四、五、六，三個月薪津當可發三千九百餘萬元，請將該款收條寄下，以便劃匯為禱。附靜所本月領款通

〔註2112〕胡宗剛著《中研院院士胡先驌斥行政院秘書長甘乃光》，公眾號註冊名稱「近世植物學史」，2021 年 05 月 05 日。

〔註2113〕王希群、郭保香編著《中國林業事業的先驅和開拓者——汪振儒、范濟洲、汪菊淵、陳俊愉、孫筱祥、殷良弼、李相符年譜》，中國林業出版社 2022 年 3 月版，第 011 頁。

〔註2114〕南京：中國第二歷史檔案館，全宗號三九三，案卷號 2926，第 231 頁。

知書，請即查照劃匯為荷。

　　　專此

時綏

　　　　　　　　　　　　　　　　　　　　　　　　弟　先驌

　　　　　　　　　　　　　　　　四月十一日（1948 年）〔註 2115〕

　　4 月 23 日，《科學在中國與蘇聯——出席中央研究院評議會歸來有感》文章在《申報》（第 2 版）發表。摘錄如下：

　　　　三月二十五日至二十七日國立中央！究院第二屆評議會在南京舉行第五次大會，此次大會最主要之任務為選舉院士。先是在去年十月第四次大會推定院士候選人，由各方提出之四百餘人中推定一百五十人，皆數理生物人文學科中有重大貢獻之續學大儒，推定之後由中央研究院正式公告，公告四個月後，再由此次大會各評議員正式以無記名投票法選出共八十一人。經此嚴格鄭重之提名推出選舉之後，當選之院士誠不愧為今日我國學術界之領袖，即與世界各國相比，亦無多愧色。故此次選舉，乃中國學術界一空前盛舉。

　　　　作者得參與此次盛會，固極感興奮，然盱衡今日之國事，則又愴然欲涕。我國素無科學，嘗憶兒時就傅之日所習者尚為舉業，歷戊戌政變庚子拳亂之後，至乙巳年清廷始廢科舉興學校，歐西之科學，始得在學校中傳習。然學校初創，課程與設備，至為簡陋，師資尤為缺乏。嘗憶宣統元年負笈至京師大學預科就學時，校中以重幣聘請外國教員教授今日高級中學所授之課程，學生視之有如天神。期年而考選學生赴美留學，至民國元年作者亦躬與斯選。自是赴歐美求學者漸多，在美國之留學生，乃有中國科學社之奮起，入會者至為踊躍。數年之後，留學生歸國者多在南北各大學執教，而學校以北京大學與東南大學最為有聲。清華學校則不斷派送學生赴美國留學。在此時期科學！究已漸萌芽，最早成立之科學！案機關為丁文江翁文灝兩先生所領導之地質調查所，秉志先生與作者則在南京草創中國科學社生物研究所，各大學之理科各系之教授亦競領導學

〔註 2115〕胡宗剛撰《胡先驌先生年譜長編》，江西教育出版社，2008 年 2 月版，第 476 ～477 頁。

生從事研究。不數年而我國之科學研究基礎以立，十六年北伐告成，國民政府創立中央研究院，設立各研究所。國家有此學術機關以領導全國，學術研究，乃日進不已。不及十年，我國科學家在數學，物理學，化學，地質學，氣象學，生物學，生理學，醫學，農學，莫不有量大之貢獻，差足與歐美各科學先進國家媲美。即我國固有之文字學，語言學，史學，與考古學等，經歐西科學方法薰陶後，亦有劃時代之貢獻。從前所仰視若不可及之外國科學家，已成為自己之僚友。在短短卅年中，世界上乃有中國之科學與中國之科學家，科學史上乃可載明某項重要之發明，乃中國某某科學家之貢獻，中國乃得由一十八世紀之古老落後之國家，而廁身於二十世紀先進國家之林。回思昔日篳路藍縷之艱難，有不竟喜極而涕者矣。

中央研究院成立已屆二十週年，於是始有院士之選舉。在鄭重籌備之下，使此不滿百數之著名學者博得一舉國承認之終身殊榮，似亦為政府重視科學之表現。然當此烽火漫天，兵連禍結之際，政府究知重視科學與否，尚屬疑問。尤以在此次大會開幕典禮時，政府大員致辭竟不瞭解此次所選之院士在世界學術界之地位，發言幼稚，令人齒冷。柄國政者對於科學之缺乏認識，與夫平日漠視國內科學進步之情況，於此亦昭然若揭矣。

反而觀科學在蘇聯之狀況何如？蘇聯之通儒院（約等於我國之中央研究院）為彼得大帝創立於西曆一七二五年，取法於英國之皇家學會，在一九二五年蘇聯之共產黨攫得政權後更名為蘇聯科學院。自此以後，政府以全力支特之，遠非他國所能比擬，兼具英國之皇家學會與科學與工業研究院之功能。研究之範圍除科學外尚包括語言文學哲學歷史經濟與法律，其「院士」有一百三十九人，通訊院士有一百九十八人，皆學術上之權威，其被選尚較英國皇家學會會員為難。尤有一點與英國皇家學會有別者，即蘇聯科學院院士一經被選，即除其正薪外，每月可另得薪金三千盧布，通訊院士每月可另得一千五百盧布。除此以外，尚可享有優裕之衣料食物配給，並可在特種商店購買一般商店中所無之用品，在普通商店購物亦可享特別之折扣。彼等有汽車，每人在城市中有舒適之房屋，在鄉間有圍以果園之別墅。在莫斯科附近有一宏麗科學院休養院，俾其院士

及其家人在暑假休息一月至六星期。在黑海海濱另有一個同樣宏麗之休息院。科學院院士除其本身為榮譽職外，尚有管理各科學研究所之權，並為政府學顧問。科學院管理五十七研究所，十六研究室，十五博物院，三十一委員會，七十三圖書館，三十五研究站與七學會。在一九四五年科學院中從事科學工作之人員共有四千二百十三人，研究生六百人，技術員，研究室助理員，圖書館員，秘書會計員尚不在內。科學院之圖書館藏書一千餘萬冊，在莫斯科有一科學院書店與一科學院印刷所，科學院一九四五至一九四六年之經費為二億盧布。

在一九四五年六月十五日蘇聯科學院慶祝其二百二十週年紀念。自四月起即有此傳說，此後即逐漸籌備，其規模之大前所罕有。當日蒞會者有代表一千餘人，包括院士一百四十五人，通信院士二百〇一人，外國科學家一百二十二人，其餘者皆為蘇聯科學家。開幕典禮異常隆重，政府之招待豐盛無比，演說集會旅行參觀互二星期。紀念會後全國報紙尚繼續敘說科學院至數月之久。蘇聯之重視科學，於此可見。說者為蘇聯視科學如宗教殆非虛語，此蘇聯所以科學發達，國力強大，短短二十年間一躍而為世界最大二強國之一也。

我國之政府固亦未嘗不知科學之重要。蔣主席在抗戰期間屢次大聲疾呼「無科學即無國防，無國防即無國家」，每年在國慶節必有科學運動周，到處講演宣傳科學之重要。然我國之重視科學至此而止，至於實際之情形，則科學乃視為與國家民族休戚無關之奢侈品。中央研究院與各大學之研究所經費均異常竭蹶，使我國之著名之科學家有英雄無用武之歎。科學家之待遇甚至不能及一政府營業機關之工友！以致我國青年有為之科學家寧在國外研究不肯歸國。楚材晉用，言之扼腕。而堂堂之行政院秘書長在中央研究院開幕典禮致辭中，竟謂此次選舉院士以後，希望中國之科學研究可以追從外國之碩士博士——此種國家乃欲談「無科學即無國防，無國防即無國家」，寧非緣木求魚乎？嗚呼！〔註2116〕

4月25日，胡先驌致蔣英信函。

─────────────

〔註2116〕《胡先驌全集》（初稿）第十四卷科學主題文章，第273〜275頁。

菊川仁弟惠鑒：

　　廿一日手書備悉，紀念會啟事，想已先此收到，可寄陳師一閱，即可付印分發。此間同人均擬作文在專刊中發表，如無款印行，可請陳師函 E. H. Walker，或可在 Mundt Act 經費項下請補助，因彼來函云，有意補助中國人關於印刷植物分類學刊物之經費，事不宜遲，可請陳師從速進行為要。如紀念會在下學年開學後舉行，而中山大學可請驌來粵講學二星期（不過旅費不少耳，可講植物地理及中國政治經濟教育之改造等問題），則驌可躬自參加此紀念大會，亦一快事也。王校長對驌甚有禮貌，若與之商洽，或能辦到。

　　華北之 Apocynales 即檢寄，雲南、江西新採者亦將函陳封懷、蔡希陶寄贈。陳師家庭小史，請向其侄女問明後，從速寄來，以便作文為要。

　　專此

研安

驌　拜啟

四月廿五日（1948 年）〔註2117〕

4 月 28 日，任鴻雋致胡先驌信函。

步曾吾兄左右：

　　四月十一日手示奉悉，四月份經費餘款已交上海銀行匯訖。弟於上星期日到京，次日訪杭立武兄，談及靜所經費問題，其能否與中央博物院聯合辦理。渠意靜所為一有歷史、有成績之機構，若與政府機關合併，甚為可惜。如為籌劃經費，可請教育部將靜所職員生活費歸政府開支，並云如中基會提出，渠願作考慮。鄙意如靜所能得政府支給生活費，而不需與他機關合併，固求之不得者，何樂而不為？現擬請兄即擬一靜所之請求書，將所中事業歷史等作一簡單敘述。出版品可檢重要者附送幾種。目下職員名單及所繫生活補助費，自不可少，交本會代為向教部申請，或能有結果，亦未可知。又俞季川請求補助費英金八十鎊，亦已通過，請轉告俞君，示知此

<hr>

〔註2117〕　胡宗剛撰《胡先驌先生年譜長編》，江西教育出版社，2008 年 2 月版，第 477 頁。

款如何匯寄。俞君出國經過，以及研究計劃，亦望見示，以便歸檔
存查。示言華北局勢近趨穩定，聞之不勝欣慰。餘不一一。

　　此頌

研綏

弟　任鴻雋

卅七年四月二十八日〔註2118〕

4月29日，胡先驌致任鴻雋信函。

叔永吾兄惠鑒：

　　次奉四月二十八日手書，敬悉一是。靜所請求書擬好即寄奉，
俞季川之補助款可照下列通訊地址匯寄：

　　Mr. T. T. Yu

　　C/OProf. W. W. Smith

　　Royal Botanical Garden

　　Edinburgh, Scotland

　　其出國經過及研究計劃另紙錄呈，以備存查。杭立武此次表示
與水杉發現不無關係，Chaney 為此事大吹大擂，故立武亦為之動，
於是有籌辦水杉國家公園之舉，弟已擬好一方案寄去，立武將促成
之，果成，則亦中國學術史上一重要事也。弟意趁此機會將動物部
恢復，將楊宜之與張春霖、彭鴻綬邀回。張春霖之為人較壽理初、
李良慶為佳，本所大批動物標本不能無人看管與整理，弟本欲向善後
救濟總署漁管處為張謀一位置，俾得在靜所工作，而以人事變動，未
得成功，此次不可錯過。此機會在京曾與朱騮先談及所中人員，弟云
有十來人。朱謂不多。故此次提出之名單，望中基會能同意為荷。

　　專此敬頌

弟　先驌

四月二十九日（1948 年）

　　俞德濬君任靜所副技師多年，兼任雲南大學副教授，三十六年
秋間，往蘇格蘭愛丁堡皇家植物園半工半讀，研究植物園園藝、中

〔註2118〕　胡宗剛撰《胡先驌先生年譜長編》，江西教育出版社，2008 年 2 月版，第 478
　　　　頁。

國薔薇科分類及雲南省植物。〔註2119〕

4月29日，胡先驌致蔣英信函。

菊川仁弟惠鑒：

陳師紀念會，劉慎鄂、林鎔兩先生亦願列名發起，即希查照為荷。

此在贛西北採集發現 Melliodendron 與 Hosiea 至為有趣，教育部正發動建立水杉國家公園，並將組織國家公園顧問委員會，隸屬於總統府，宋子文正在建設。廣東如能說動之，使建立羅浮山國家公園，亦大佳事；而在廣西則可建立陽朔國家公園，此事可與陳師商之。

專此

平安

驌 拜啟

四月廿九日（1948年）〔註2120〕

4月29日，胡先驌致任鴻雋信函。

叔永吾兄惠鑒：

前函計達，茲寄上與教育部呈文一份，俟本所刊物寄到後，一併由中基會提送教育部，當時不知吾兄曾與杭立武談及本所人員數目否？如嫌此次開列人數過多，即請將員工薪額表退回，以便重選寄上，然最好能照此表補助也。所謂生活費係指全部，抑一部分薪津，便乞示知。南京已成立水杉保存委員會，即將開會討論實施辦法，美國紐約植物園來函，請弟將發現水杉之始末作一文在該園刊物上發表，具見外國植物學家重視此發現也。

專此敬頌

時祉

弟 先驌

四月二十九日（1948年）〔註2121〕

〔註2119〕 胡宗剛撰《胡先驌先生年譜長編》，江西教育出版社，2008年2月版，第479～480頁。

〔註2120〕《胡先驌全集》（初稿）第十七卷下中文書信卷，第483頁。

〔註2121〕 胡宗剛撰《胡先驌先生年譜長編》，江西教育出版社，2008年2月版，第480頁。

4 月，《美國對於中國所應負之道義責任及所能援助中國之道》文章在獨
立時論社編《獨立時論集》第一集發表。

> 《美國對於中國所應負之道義責任及所能援助中國之道》之中，
> 我譴責美國以大量物質供給蘇聯，以少數物質與中國，和助蘇聯訂
> 《雅爾達協定》，與中國簽訂所謂《中蘇友好條約》，遂令外蒙領土
> 拱手讓人，帝俄時代之特權又復活。這篇文章把我的……思想赤裸
> 裸表現無遺了。〔註2122〕

4 月，《佛教與宋明道學對於中華民族之影響》文章在《文化先鋒》（第 9
卷第 2 期，第 1～8 頁）發表。為中華民族改造之十四、十五部分內容。摘錄
如下：

> 子貢雖言孔子之言性與天道不可得而聞，孔子雖諄諄以人事教
> 門弟子，然非絕不注意形而上之問題者。孔子曰：「天何言哉，四時
> 行焉，百物生焉，天何言哉？」即感歎宇宙以變化為其本體，與在
> 川上曰：「逝者如斯乎，不捨晝夜」，同為體認造化而由內心發出之
> 驚歎辭。近人雖有謂孔子與《易》無關係者，然亦未為確論。如郭
> 沫若所主張《易》之卦辭爻辭為覡臂子弓所作，而象象與繫辭為秦
> 漢之際之齊魯儒者與荀子門徒所作，則一脈淵源正直承孔子，不得
> 謂孔子與易之思想無關也。《中庸》僉認為子思所作，而其所論頗涉
> 及宇宙論及人與宇宙之關係，今本第二十六章之論天道「故至誠無
> 息」云云，極為精微，其旨與《易》亦極近似，若謂孔子與《易》無
> 關，則子思安得有此學說？近人有謂《易》乃博合儒道兩家之學說
> 而成者，實則孔子之思想即有與道家相合之處。而近人熊十力以為
> 《老子》書成於戰國之時，其思想乃受《易》之影響，則所見尤有
> 獨到之處。要之《易》之思想確傳受自孔門，而與道家多所默契，
> 不過孔子不輕與門弟子論性與天道，而子弓、子思以及秦漢之際之
> 儒家則發揚光大其學說，而老莊則專心致志探討天道耳。漢興至文
> 景之世，朝野皆尚黃老之學，董仲舒推尊儒學而時雜陰陽讖緯之言。
> 至東漢三國之際，道家學說有復興之勢，何晏、王弼皆祖述老莊，

〔註2122〕 胡先驌著《對於我的舊思想的檢討》，1952 年 8 月 13 日。《胡先驌全集》（初
稿）第十五卷人文科學文章，第 629～640 頁。

精於名理，一時玄風寢盛，何晏作《道論》與《無名論》，王弼之注《老子》，皆對於道家之宇宙本體論為精到之探討。王弼注《易》，亦以道家之理注經，何晏之作《論語集解》亦間採道家學說，孫緯、郭象皆有此習。郭象之注《莊子》尤能發揮道家之精意。自是互南北朝之世，道家之學極盛，其研討適足以滿足智識階級之哲學需求，亦猶陰陽災異之學，足以滿足一般人之宗教需求也。在此種思想與信仰環境中，佛學之昌盛乃意中事。

佛教之輸入中國，相傳始於漢明帝時，然此說殊不可靠。在史傳有確據者，則為「漢哀帝元壽元年，博士弟子秦景憲從大月氏王使伊存口受浮屠經」，東漢楚王英「為浮屠齋戒祭祀」，及襄楷在恒帝延熹七年上疏云：「聞宮中立黃老浮屠之祠」，而《後漢書‧陶謙傳》稱：「丹陽人管融在徐州廣陵間大起浮屠寺」。然此時期之佛教僅為粗淺之宗教信仰。最初之翻譯佛經者則為三國時代之安世高，為高任襄譯事者則為臨准人嚴佛調。世高蹤跡多在南方，其譯經採意譯法。在北方輸入佛學譯經者則為支婁迦讖，襄譯者為洛陽人孟福、張蓮，其譯經則採直譯法。世高所譯為《阿含經》中單品，及上座部所傳禪定法，支讖所譯則為《華嚴》《般若》《寶積》中單品，至是大小二乘皆已分別輸入矣。「兩晉以降，則南北皆大師輩出」，而道安最為傑出。安遍注諸經，尤精《般若》，雖不通梵文，而注經「妙達深指，舊譯訛謬，以意條舉，後來新譯，竟與合符」。著《本無論》「謂無在萬化之前，空為眾形之始」，為本無宗領袖，又作《性空論》，其學說與鳩摩羅什僧肇相契合。習鑿齒與謝安書稱「其人理懷簡衷，多所博涉，內外群書，略皆遍睹，陰陽算數，亦皆能通，佛經妙義，故所遊刃」，無怪其稱為「非常道士」也。其勸符堅迎羅什，集諸梵僧譯《阿含》《阿毗曇》，整理佛教文獻，制定僧尼軌範，對於佛教佛學皆有莫大之貢獻，洵為承先啟後之大哲也。其弟子慧遠結蓮社於盧山，為淨土宗始祖。

後秦時鳩摩羅什入關，「在逍遙園設立譯場，集三千僧諮稟什旨，大乘經典，於是略備」。空宗之《中》《百》《十二門》《大智度》四部大論皆成於其手。空宗在中國之發揚光大，蓋羅什之功也。其門下數千人，以僧肇、僧䂖、道生、道融為最著，時人稱為四聖。肇公

尤為特出，彼隨羅什入逍遙園，相助詳定經論，首著《波若無知論》
為什所稱歎，本善老莊，且其作《寶藏論》，融合釋老，以詮釋宇宙
之起源，而作《不真空論》，計破空執，尤為精到，其他論著皆準此，
實當代一思想最精銳之哲學家，無怪遠公稱為未嘗有也。道生幼慧，
長受業於笠法汰，後遊長安從羅什受業，潛思日久，乃立「善不受
報」，「頓悟成佛」二義。在《大涅？經》未至此土時，說「一闡提人
皆得成佛」，當時忤眾，後乃證明暗合經義，此皆其超悟過人處。而
「頓悟成佛」義，乃開禪宗法門。後來禪宗盛行，源遠流長，雖由
於慧能諸大師之弘法，而可謂導源於生公。謝靈運作《辨宗論》以
昌其義，且指明孔氏重頓悟，則教外之同聲也。生公初明「善不受
報」義，實為上智說法。遠公作明報應論，亦申斯意，或精思冥合，
或暗受其影響也。

　　佛學之入中國，以小乘為先。後漢三國時所譯佛經，以小乘為
多，然大乘亦已間譯。至兩晉以後，雖四《阿含》均已陸續譯竣，
而持小乘以非毀大乘，如慧導、曇樂、僧淵、竺法度者亦不乏其人。
然大乘之流行，有風行草偃之勢，蓋此土人民，夙具大乘根器，而
大乘教理與儒道兩家哲理亦多暗合之處，故易於接受。教內外之竟
以《老》《莊》《易》與佛經以格義相發明者，亦即以此為契機也。
南北朝之世，雖小乘有宗經籍已略備，而最流行者則為大乘空宗。
「梁陳之交，真諦創翻《攝論》《俱舍》，法泰、智愷最能傳其業，
於是開大乘之攝論宗與小乘之俱舍宗」。攝論宗即大乘有宗（法相宗）
之前驅，然其數未弘。至隋唐之世，吉藏創三論宗，特弘《中》《百》
《十二門》三論之旨，然不久即衰。此宗後來一部分入天台宗，一
部分入禪宗。在此時代弘明佛教之大業者，首推唐三藏法師玄奘與
之闡明唯識學。三藏法師旅居天竺十有七年，親受業於戒賢、智光，
在彼土大弘宗風，所至各國皆待以國師之禮，其所帶回大小乘經論
及外道論著凡六百五十七部。歸長安後，大開譯場，十九年間譯成
經論七十三部凡一千三百三十卷，譯述之功空前絕後。所譯諸經以
《大般若波羅經》六百卷最為偉大，而譯《瑜伽師地論》一百卷、
《世親無性所釋》《攝大乘論》各十卷、《成唯識論》十卷、《大乘阿
昆達摩集論》七卷，以及《觀所緣緣論》《唯識二十論》《唯識三十

論雜集論》十六卷、《顯揚聖教論》二十卷、《辨中邊論》《大乘五蘊論》《百法明門論》等，大乘有宗之主要典籍，於斯大備。大乘有宗遂成為一時之顯學。其弟子窺基具有深智，學術淹貫，實佐玄奘釋成《唯識論》。先是世親者釋《唯識論三十頌》，未竟而卒，繼起釋文者共有十大論師，各持異論。與公之譯成《唯識論》本主張各別全翻十家之釋，窺基則主糅集十家之說而折衷於護法。故此書名為翻譯，實同創作，而成為護法一家之學。於是無著之法相學，一變為世親之唯識學。世親之唯識學，又一變為護法之唯識學，專談種子，大乘佛旨。熊十力譏之為「極端之多元論」，與「知其素乏證解，未曾自識本心，而維恃分析法，在妄識中作活計」，則基師不能辭其咎也。世親護法之學，專尚分析，最與中國人之思想傾向乖違，故不久此宗即衰微矣。

　　與奘公同時而宗旨不合者有法藏，字賢首，其先本康居人，後歸化中國，曾參加玄奘譯經事業，以意見不合而出譯場。與實義難陀重譯《華嚴》，大揚經義，立華嚴宗。曾為武后講《華嚴經》，則天未喻，法藏乃撰《金師子章》以悟之，亦斯宗之要籍也。《金師子章》之判五教為聲、聞、始、頓、圓，實為整齊排比佛教各派之創舉；與天台之四時判教作一對比，亦佛學史中一要事也。法藏闡明《華嚴》要義為「空有雙！」，「起必全真」，「一即一切，一切即一」，「理不礙事，……事恒全理」，「一一皆雜，一一皆純」，「更不待壞，本來寂滅」，皆以破有宗之法執者。華嚴第四祖澄觀謂華嚴有四法界，即事法界、理法界、理事無礙法界、事事無礙法界，尤能闡明法藏之說也。六朝時有所謂法華宗者，以《法華》為本經，此宗以慧文為第一祖，慧思為第二祖，智青為第三祖。智青生於隋代，著述極多，發揚光大此宗。青居天台，故世又稱此宗為天台宗。此宗無所承受，全為中國人所自創。此宗多談例行之方法，於哲理少所發明。其最主要之著作為《大乘止觀法門》一書，相傳為慧思所作，然頗雜有唯識宗及華嚴宗之學說，故近人陳寅恪認為乃唯識、華嚴兩宗盛時天台宗人所作也。止觀稱阿梨耶識為本識，以為真如與「阿梨耶同異之義……」謂真如是體，本識是相，六七等識是用，「似水為體，流為相，波為用」。此與唯識宗專重種子者不同，而主萬法互攝

與「真心遍過一切處」，則華嚴宗教義也。其第九祖湛然作《金剛？》，創「無情有性」之說，乃較道生所主張之「一闡提皆有佛性」之說更進一步。所謂「圓人始不知理不二，心外無境，誰情無情，法華會中，一切不隔，草木與地，四微何殊」，此則推衍「真如自性至極」之說為印土宗師所未發者也。

對於法相宗名相之繁瑣研究作有力之反對者，是為禪宗。禪宗在印度初無所聞，然據禪宗自述其歷史則云佛法本有教外別傳，迦葉拈花微笑為直受釋迦之心傳，「以心傳心，不立文字」，是為印度禪宗之初祖，傳至菩提達摩於梁武帝時至中國，是為中國禪宗之初祖。達摩傳慧可，慧可傳僧璨，僧璨傳道信，道信傳弘忍，是為五祖。五祖後禪宗分南北二宗，北宗以神秀為六祖，南宗以慧能為六祖。在此段禪宗歷史中，達摩傳法之說，不可徵信，或為假託。五祖弘忍之名，始見宋《高僧傳》，而昌大其宗者，則為六祖慧能與其弟子神會。禪宗之主要典籍為《六祖壇經》，然據近人胡適研究，《壇經》與《神會語錄》文字有數處略同，故《壇經》或為神會門下所作。禪宗專講修持，不作哲學上之探討。慧能所主張之修行方法以無念為主，「立無念為宗，無相為體，無住為本，……念念之中，不思前境，若前念、今念、後念，念念相續不斷，名為繫縛，於諸法上念念不住，即無縛也」。又云：「何名無念？若見一切法，心不染著，是為無念，用即！一切處，亦不著一切處，但淨本心，使六識出六門，於六塵中無染無雜，來去自由，通用無滯，即是般若三味，自在解脫，名無念行」，又云：「前念著境即煩惱，後念離境即菩提」，此即道生頓悟成佛之義也。

禪宗之修持方法在無念，亦即教下之破執。惟彼著重頓悟，故不著重積學與潛修。故如《壇經》所云：「若起真正般若觀照，一剎那間，妄念俱滅，若識自性，一悟即至佛地」。其方法簡易直接，故能動人，故以後禪宗諸師，遂有專恃機鋒使人言下頓悟者。然末流所屆，呵佛罵祖踞坐棒喝，究竟是否真悟，殊難測度，而經籍則束之高閣，戒行亦可不講，野狐禪遂為人所詬病，而佛法亦衰微矣。

圭峰禪師宗密，少通儒書，喜講經論，曾集諸宗禪言為《禪源》，

總而序之，分禪宗為七家，殫述其修持方法之不同，然大旨畢竟不異，又復歸納七家為三宗，以與教下三派相比附。又作《華嚴原人論》，將儒道二教學說與佛教各派相比較，而認儒道之見解，亦為真理之一部分，此亦與六朝以格義講佛學，稱《易》《老》《莊》為三玄者有相類之處，故一轉手即為宋明道學矣。

佛教自初輸入至宋末禪宗之衰為期千年，對於中華民族之影響之大殆少倫比。在宗教信仰上，隨緣說法，得以滿足各級社會之宗教需求，而建立民間之普遍信仰。在哲理上，介紹印度之形而上學，以格義與三玄之形而上學互相發明，遂使數百年間中華民族之大哲，皆皈依佛法，且建立中國所特有之宗派，而間接下開宋明之道學，以形成新儒學。在一般文化上，如政治、經濟、社會、交通、商業、建築、雕刻、繪畫、詩歌、小說、戲劇、醫藥，靡不因佛教之傳播而獲得甚深廣之影響焉。

上文所敘述者，為佛教各宗派之源流及其性質，今更略論佛教對於其他方面之影響。第一，關於中華民族宗教信仰之影響。在佛教未輸入前，中華民族之宗教信仰，有一主宰宇宙至高無上之上帝，與多數山川社稷之神，又有祖先之祭拜，蓋為一神與多神混合宗教，而陰陽家與讖緯又以迷信解釋宇宙。自佛教輸入，則諸行無常，諸法無我，涅？寂靜三法印所代表之無神宗教，乃為我知識階級所周知。然佛教所攜與俱來之婆羅門教之神話與迷信，亦隨大乘教而輸入。於是天堂地獄因緣果報輪迴之說，乃為一般民眾所篤信，甚至以菩薩為神之代名辭，其影響之深可以想見。故欲在中華民族中，完全消除佛教之信仰，乃極難之事也。同時我國固有之方士欲反抗此外來之宗教，乃雜糅道家與陰陽家之學說以及固有之宗教迷信，而造成後世所謂道教，以適應我民族另一部分人之宗教需求，姑無論其價值如何，其影響之大，亦為不可否認之事實也。

第二，關於中國之社會政治經濟之影響。六朝時佛教盛行，而北方之迷信佛教程度，實較南方為甚。《釋老志》曾統計承明元年有寺六千四百七十八，有僧尼七萬七千三百五十人，至興和二年則有寺三萬，僧尼二百萬人。神龜元年任城王澄奏曰「自遷都以來，逾二紀，寺奪民居，三分且一，……非但京邑如此，天下州鎮寺亦然，

侵奪細民，廣占田宅」。「正光以後，天下多虞，工役尤甚，於是所在編氓，相與入道，假慕沙門，實避調役」。其時且有各種僧職，權力極大，僧侶非犯殺人罪，法庭不得拘捕。又歷代君主建立寺院石窟，工役極繁，國計民生，交受其敝。如秦漢之世，黃金極多，自佛寺繁興，裝塑佛像，裝點佛寺，費金極巨，後世存金乃大減少。因迷信而引起之民生疾苦，殆非言語所能盡述。南朝之篤信佛教亦欲與北朝相若，迦藍之眾，以四百八十寺為後世所豔稱。梁武帝湛精佛學，曾著《大部經疏》，且數數公開講經，又數度捨身，以帝王之尊，而護法若此，宜乎朝野上下，風行草偃，而社會一切皆受佛教之影響也。及至元代崇信番僧，則僧徒之凌暴更過於六朝。此皆佛教對於政治、經濟、社會所間接引起之惡影響也。在交通與商業上，中國亦間接受佛教之影響。佛教之來中國，陸路則由西域，海路則由南洋一帶，中國與外國之水陸交通，固不全賴宗教，而自佛法東來後，則以傳教與求法之熱，交通益加頻繁，商業亦因而興盛，無形中有裨於國際間之經濟者極大。故在南北朝時因佛教而引起之此項影響，殆不亞於十字軍之影響於歐亞之交通與商業也。

第三，關於建築、雕刻、繪畫、醫藥等文化上之影響。中國古代之建築自有其特色，然自佛教入後，佛寺之繁興，乃使中國之建築大受印度建築之影響，佛塔即其一例。至於雕刻則中國古代只有平面之浮雕，如漢武梁祠畫像，立體之石雕與泥塑像，則傳自印土，至今尚有名家。而龍門伊闕、雲崗石窟之雕像之宏偉，千歲之下猶令人景仰，則尤為佛教與我國建築與雕刻之影響也。在繪畫方面，佛教之影響亦極大。秦漢時中國繪畫無足稱，至晉顧愷之始以繪畫享盛名，至唐而中國繪畫乃有絕大之成就，而此期之大畫家多以畫宗教人物著稱，吳道子、閻立本乃其尤著者，可見中國繪畫之食佛教之賜也。至於藥醫方面，中國亦受佛教傳播之影響，如以大麻為麻醉品以治外科，即其一例。除陳寅恪教授以為《三國志》中之華佗，殆無其人，而所傳其醫療之神奇，則完全為與印度醫藥有關之神話。又《內典錄》載宇文周時，有攘那跋陀羅與　那耶舍共譯《五明論》，其二為醫方論。《隋書‧經籍志》醫方類載有《龍樹菩薩藥方》四卷，《西域諸仙所說藥方》二十三卷，《婆羅門諸仙藥方》二

十卷等，可見佛教之輸入，對於此方面之影響也。

第四，關於文學方面之影響。中國文體尚簡，思想亦含混，故每一辭常含有甚多之意義，而少清晰之定義。其構思尚直覺而不尚分析，故條理欠清明。關於哲理方面，抽象術語甚少。至佛經輸入，諸大譯師漸覺舊語不足以道新義，於是大鑄新辭，或為譯音如菩薩、涅？，或為譯意如因緣果報。此等術語以數萬計，雖大部分僅見於經論，而一部分，則已構成一般人之思想觀念，或至少為文人所常用。故中國文學之內容因而擴大，而條理亦愈分明。唐代經學之義疏，即得力於佛經之科判也。加以佛教思想已為文士所熟知，故不期然而然的增高中國文學之品質，如柳宗元、王安石之詩，即其著例。又中國素無長篇史詩，而佛教經典則多用長篇詩體作頌，如《佛本行贊》，即為一首三萬餘之長歌。其後在中國乃演此體成所謂變文，以述因果故事以喻俗，由此而演為寶卷，由寶卷而演變為純粹故事式之諸宮調，南詞與彈詞只一轉乎耳。又由佛經故事而產生《搜神記》《法苑珠林》《太平廣記》等。記載鬼神果報之筆記小說，一變而為唐人之短篇小說與宋人之平話，再演變為《水滸》《西遊》《三國演義》《紅樓夢》等長篇小說。又由敘事式之董解元《西廂記》諸宮調，一變為元人之雜劇，再變為明清之傳奇。此皆佛教我對中華民族之文學之既深且廣之影響也。

上文曾論儒道兩家思想有相合之處，而《易》之思想即直接以孔子為淵源，不必便謂受有道家思想之影響。孔子默察宇宙之體用曾曰：「天何言哉？四時行焉，百物生焉，天何言哉？」而《易‧繫辭》則曰：「天下同歸而殊途，一致而百慮，天下何思何慮？日往則月來，月往則日來，日月相推而明生焉；寒往則暑來，暑往則寒來，寒暑相推而歲成焉。往者屈也，來者信也，屈信相感而利生焉。尺蠖之屈，以求信也，龍蛇之蟄，以存身也，精義入神，以致用也，利用安生，以崇德也。過此以往，未之或知也，窮神知化，德之盛也。」其思想與孔子之言相吻合。故僅就思想言，謂《繫辭》為孔子所作，可也。《荀子‧天論》：「列星隨旋，日月遞嬗，四時代御，陰陽大化……」一節，即係直接孔子之思想，不必便謂受有道家思想之影響，亦不必謂《易‧繫辭》之思想乃受荀子思想之影響也。

孔子之罕言命與不語怪力亂神，亦正《繫辭》「過此以往，未知或知」，與《荀子·天論》「唯聖人為不求知天」之意。此正儒家特重人事之精神，而不能指為孔子對於宇宙之體用無一種高超之體認。惟孔子所「罕言」與「不語」者，子思、子弓、孟子以及秦漢之際之儒家，則多所研討與發揮，而與道家之老莊互相影響耳。然荀子譏莊子為「知天而不知人」，則正以其忽視人事而惟沉溺於形而上問題之探討耳。《老子》之書，據近人研究，乃成於戰國之世。《孟子》以「仁義」並舉，《老子》亦以「仁義」並舉，是《老子》與《孟子》同時或在其後，而在《莊子》之前。若覰臂子弓為孔子之弟子或再傳弟子，而加郭沫若所云乃《易》之卦辭與爻辭之作者，則老子當生於其後，而受其思想之影響。荀子之統一百家，而加以抉擇，正為儒家之精神也。兩漢以來，儒家之思想益融合陰陽家與道家之思想，故對於佛學易於接受。《易》與《老》《莊》，為佛家所稱為三玄，而認為可與佛教教理相發明，亦即以此故。然如熊十力所言：「魏晉以後，道家思想，漸失其獨立性。蓋窮玄之徒，若果於孤往，則一涉道家必以為未足而之於佛矣，若窮玄而不肯遺世者，則一涉道家必以為未足而歸於儒矣。儒者且有窮神知化，與窮理盡性至命之學，道家又不及也。宋以後之儒與釋，莫不兼攝道家，但不能以道家名之。」此乃說明宋以後新儒家之成立與佛教衰微之原因。蓋世終不可遺，而窮玄至於唐宋，則如梁任公所云：「教下三家，鼎力盛行，諸經義解，發揮略盡，然誦習愈廣，漸陷貢子說金之譏。」而禪宗則「密傳心印，取信實難，呵佛罵祖，滋疑尤眾。」「公案如麻，語錄充棟。」故終為人所厭棄，而新儒家之道學乃勃興焉。宋明道家之前驅為韓愈、李翱。愈作《原性》，分性為上中下三品，蓋折衷於孟荀與楊雄性善、性惡、性善惡混之說，又區分性與情曰：「性也者，與生俱生也。情也者，接於物而生也。」李翱作《復性書》，亦論性情。宋儒之論性情蓋淵源於此，其論孔門性命之道之傳授曰：「昔者聖人以之傳於顏子……子思，仲尼之孫，得其祖之道，述《中庸》四十七篇，以傳於孟軻……軻之門人，達者公孫丑萬章之徒，蓋傳之矣。遭秦滅書，《中庸》之不焚者一篇存焉，於是此道廢缺。……嗚呼，性命之書雖存，學者莫能明，是故皆人於莊列老釋，不知者

謂夫子之徒不足以窮性命之道，信之者皆是也。」此殊近於事實，因亦為宋明儒者所篤信而因以興起者也。其言修養復性之法，則在「弗慮弗思」，以期「動靜皆離」，「寂然不動」，以達至誠境界，亦宋儒所宗也。道學中最早之大儒為周敦頤，世稱濂溪先生，著有《太極圖說》，亦《繫辭》云：「易有太極，是生兩儀，兩儀生四象，四象生八卦，八卦定吉凶，吉凶生大業。」濂溪之說太極，當是遠承《易》說，然云：「太極動而生陽，動極而靜，靜而生陰……陽變陰合，而生水火木金土。」是兩儀生五行，而不云四象生八卦，則又出於道家之援陰陽家言之所易。馮友蘭教授疑濂溪之太極圖出於道家之太極先天圖，殆不誤也。《宋史‧朱震傳》曾敘明陳摶之以先天圖數傳與濂溪之淵源，則周濂溪與邵雍（康節）皆援道入儒者也。故太極圖者乃誠摶授與周、邵之道家宇宙論，而後來之宋儒多篤信之，而成為一般士大夫之信仰矣。《太極圖說》在太極之上，立一無極，蓋即老子天地萬物生於有，有生於無之意，其言修養則主「無欲」，故曰「無欲則靜虛動直，靜虛則明，明則通，動直則公，公則溥。」「無欲」則「動直」，頗與孔子「無欲則剛」之義相契合，不過周子尤著重「無欲故靜」一點，此則受佛學之影響也。

邵康節之學說與周濂溪同一淵源，而亦有別。後世談易言象數，周濂溪論象固不言數，邵康節則兼論象數，其學傳自李之才。李為陳摶之三傳弟子，其宇宙論則在衍卦理，首建「道為太極」、「心為太極」之旨，繼曰：「太極既分，兩儀立矣，陽下交於陰，陰上交於陽，四象生矣。陽交於陰，陰交於陽，而生天之四象；剛交於柔，柔交於剛，而生地之四象。於是八卦成矣。八卦相錯，然後萬物生焉。」故其說與濂溪「陽變陰合而生水火木金土者」不同。康節又有先天八卦方位圖，及六十四卦圓圓方位圖，為後世談易象者所宗。朱子亦重視而鑽研之，茲不贅論。康節論聖人云：「人亦物也，聖人亦人也者，物之至者也；聖也者，人之至者也。」「聖人之所以能一萬物之情者，謂其聖人之能反觀也。所以謂之反觀者，不以我觀物也。不以我觀物者，以物觀物之謂也。」「以物觀物性也，以我觀物情也，性公而明，情偏而暗。」「任我則情，情則蔽，蔽則昏矣。因物則性，性則神，神則明矣。」此即孔佛兩家無我之宗旨。

又云：「心一而不分，則可以應萬變，此君子所以虛心而不動也。」「為學養心，患在不由直道，去利欲。由直道，任至誠，則無所不通。」此康節所主張之修養方法，亦即濂溪「無欲則靜虛動直」之意也。

稍後於周、邵之大儒，首推張橫渠載。橫渠天分絕高，其談學問頗有近代科學精神。其論天文、地理、物理、生命之所由來，與其性質，在無試驗科學之前，皆較近於客觀之真理。其所著之《正蒙》，論宇宙之起源曰：「太虛無形，氣之本體」，「氣之聚散於太虛，猶冰凝釋於水，知太虛即氣，則無無。」是頗近於道家「有生於無」之旨。而曰：「不如野馬絪縕，不足謂之太和」，則同於佛家小乘有宗所建立之「極微」與「細色」，而異於其他哲人關於本體之冥想。又云：「氣聚則離明得施而有形，氣不聚則離明不得施而無形，方其聚也安得不謂之客，方其散也安得遽謂之無。」蓋謂氣即聚而成形，則不得不認為有，其既不聚而散，亦不得遽謂之然。換言之即萬物實有客觀之存在也。又云：「太虛不能無氣，氣不能不聚而為萬物，萬物不能不散而為太虛」，此其所闡明宇宙萬物構成與變化之理，即佛家「細色」構成「粗色」之義，亦即現代科學家電子原子構成物質之義。又云：「天之生物也有序，物之既形也有秩」，「物無孤立之理」，認宇宙中萬物皆具有一定客觀之理，是亦與近代科學家精神相同者也。又云：「動物本諸天，以呼吸聚散之漸。植物本諸地，以陰陽升降聚散之漸。物之初生，氣已至而滋息，物生既盈，氣日反而游散。」則幾能說明生命現象之科學原理。在北宋時代而有此，不得不謂為難能矣。橫渠首為「氣質之性與天地之性」之分別，復曰：「天性在人，在猶水性之在冰，凝釋雖異為物一也」，是謂「氣質之性」即「天地之性」，故曰：「天良能本吾良能，顧為有我所喪耳」。此亦即佛家「真如」「無明」「淨」「染」與孟子「夜氣」「梏亡」之義也。橫渠最偉大之主張，厥為天下合一，物與我合一。故云：「聖人盡性，不以聞見梏其心，其視天下，無一物非我」。又云：「性者，萬物之一源，非有我之得私也。惟大人為能盡其道，是故立必俱之，知必周知，愛必兼愛，成不獨成。」又云：「乾稱父，坤稱母；予茲藐焉，乃渾然中處，故天地之塞，吾其體；天地之帥，吾其性。民

吾同胞，物吾與也。大君者，吾父母宗子，其大臣，宗子之家相也。尊高年所以長其長，慈孤弱所以幼其幼；聖其合德，賢其秀也。凡天下疲癃、殘疾、孤獨、鰥寡，皆吾兄弟之顛連而無告者。于時保之，子之翼也，樂且不憂，純乎孝者也。」此境界較孟子之「萬物皆備於我」為尤高，而視《禮運》之首章，「大道之行也，天下為公」，各語尤為親切而懇摯。至云：「盡性然後知生無所得，則死無所喪」，「存吾順事，沒吾寧也」，其洞澈生死光明俊偉之氣象，有非後儒所易企及者矣。

二程子與橫渠同時，而以年壽較多，門弟子較多，其影響較橫渠為大。宋明道學之成立，實二程子之力也。二人皆以濂溪為師，以康節為友，然明道先生程顥曾「泛濫於諸家，出入於釋老者幾十年」，故喜談「心學」。伊川先生程頤，則性較沉潛，其所主張之修養方法，與明道略異。梁任公稱「大程近盈，小程近荀」。大程開後來大陸象山、王陽明一派；小程則開朱子一派。其所以有此區別者，則二人之天分才能及修養工夫皆不同也。明道首標「天理」二字，故云：「天即地也」，又云：「天地萬物之理，無獨必有對，皆自然而然，非有安排也。」又云：詩曰「天生蒸民，有物有則。……萬物皆有理，順之則易，逆之則難，各循其理，何勞於己力哉？」又云：「吾學雖有所受，天理二字，卻是自家拈出來。」此與其所云：「良知良能，皆無所由，乃得於天，不繫於人」同一意義。橫渠本亦有「誠明所知，乃天得良知」，「天良能，本吾良能」之說。然陽明「致良知」之說，則自謂出於明道也。程門高弟謝良佐云：「所謂格物窮理，須是體認天理，所謂天理者，自然底道理，無毫髮杜撰。」而伊川則云：「窮理即格物，格物即是致知。」可見大程重在體認天理，小程重在致知，其修養工夫自異也。明道教人先識仁，其言曰：「學者須先識仁，仁者渾然與物同體，義禮知信皆仁也，識得此理，以誠敬存之而已，……必有事焉而勿正，心勿忘，勿助長，未嘗致纖毫之力，此其存之之道。若存得，使合存得，蓋良知良能，元不喪失，以昔日習氣未除，卻須存習此心，久則可奪舊習。此理至約，惟患不能守，既能體之而樂，亦不患不能守也。」明王陽明以仁與天地為一體，故云：「仁者以天地萬物為一體，莫非己也。認得為己，

何所不至，……故博施濟眾乃聖人之功用。」識仁乃體認之道，敬則為修持工夫，而此工夫不必遠求。故云：「學者不必遠求，近取諸身，只明天理，敬而已矣，便是約處，……思無邪，無不敬，只此二句，循而行之，安得有差。」明道認窮理非知，故云：「窮理盡性以至於命，三事一時並了，元無次序，不可將窮理作知之事，若實窮得理，則性命可了。」故窮理即所以盡性命，非窮理是一事，盡性命又是一事也。而伊川則曰：「涵養須用敬，進學則在致知，顯分用敬與致知為兩種工夫。」又申言之曰「凡物上有一理，須是窮致其理，窮理亦多端，或讀書講明義理；或論古今人物，別其是非；或應事接物而處其當；皆窮理也。」若是方謂之窮理，故格物「須是今日格一件，明日又格一件」，必須「積習既久，然後脫然自有貫通處。」此即荀子「專心一致志，思索熟察，加日縣久，積善而不息，則通於神明，參於天地」之意。與明道「必有事焉而勿正，心勿忘，勿助長，未嘗致纖毫之力」者，判然有異矣。朱熹之學出於伊川與橫渠。橫渠有科學精神，朱子亦有科學精神，朱子見山石中之螺蚌化石，認為以前彼非陸地，乃係海底，其對於化石性質之認識，較之歐西科學家早數百年。被又曾格豆腐之理而不得其解，遂不食豆腐。又表示道家長生之說較釋家涅？寂靜之說為更可信，此皆其科學精神所表示者也。故朱子釋致知為窮理，而曰：「蓋人心之靈，莫不有知；而天下之物，莫不有理，惟於理有未窮，故其知有不盡也。是以大學始教，必使學者，即凡天下之物，莫不因其已知之理，而益窮之，以求致乎其極。」此即伊川「今日格一件，明日又格一件」之精神，與明道之但講「存習此心」者異矣。

朱子之玄學則融合周邵二程橫渠之說，彼承認無極太極之說，但認太極為理而非物，故云：「無極而太極，不是說有個物事，光輝輝的在那裏，只是說當初皆無一物，只有此理而已，……惟其理許多，故物有許多。」既認當初皆無一物只存此理，故亦繼承二程形上形下之說，而曰：「形而上者，無形無影是此理；形而下者，有情有狀是此器。」理在物之先，故曰：「若在理上看，則雖未有物而已有物之理，然亦但有其理而已，未嘗實有是物也。」無理則不能有物。故曰：「做出那事，便是這裡有那理，凡天地生出那物，便是那

裏有那理。」而總天地萬物之理，便是太極。「太極只是極好至善道理。」同時每一事物，即具太極之全圖。故曰：「人人有一太極，物物有一太極。」此即大乘止觀「舉一毛孔事，即攝一切世出世事」之意，亦即橫渠「天地之塞吾其體，天地之帥吾其性」之意也。橫渠云：「太虛無形，氣之本體。」蓋即無形之太虛變為有形之氣。朱子則曰：「天地之間有理有氣。理也者，形而上之道也，生物之本也；氣也者，形而下之器也，生物之具也。是以人物之生，必稟此理，然後有性；必稟此氣，然後有形。」三人之論，雖有一元二元之殊，然其旨歸大抵無殊也。故橫渠論性乃云：「形而後有氣質之性」，而朱子則以「天地之迷」與「氣質之性」對舉。然朱子所云：「論天地之性」，則專指理而言；「論氣質之性，則合理與氣雜而言之。」與橫渠「形而後有氣質之性，善反之則大地之性存焉」之語，亦無甚差別。朱子之論修養，其宗旨即在去此氣質之性之所蔽，故云：「聖人千言萬語，只是教人存天理、滅人慾之法」。蓋「人性本明，如寶珠沉於濁水中，明不可見，去了濁水，則寶珠依舊自明。」此即橫渠「善反之則天地之性存焉」之意也。而存在天理滅人慾之法，則在「今日格一物，明日格一物，……人慾自銷鑠去。」之漸積陶冶之功耳。

　　與朱子同時而主張截然不同之大儒為陸九淵。九淵？角……聞人誦伊川語，既不以為然，而語人曰：「伊川之言，奚為與孔子、孟子不類。」其學說自始即與伊川晦庵殊科，專治心學，其言曰：「聖賢之學，心學而已」，其論心體，主張「吾心即宇宙」，「心即理」之說，故云：「宇宙便是吾心；吾心便是宇宙。」又云：「萬物森然於方寸之間，滿心而發，充塞宇宙，氣非是理。」又云「心只是一個心，某之心，吾友之心，上而千百載聖賢之心，下而千百歲復有一聖賢，其心亦只如此，心之體甚大，若能盡我之心，便與天同，為學只是理會此。」吾心即便是宇宙，故云：「萬物皆備於我」。則只須收拾精神，自作主宰；不必外求，自然恰當，故云：「當惻隱時，自然惻隱；當羞惡時，自然羞惡；當寬裕溫柔時，自然寬裕溫柔；當發強剛毅時，自然發強剛毅。」心之本體既如是，則為學下手之方只須「先立乎其大者」，而不可斤斤逐末。故云：「學苟知本，六

經皆我注腳,所謂格物即格此,……不然,所謂格物,末而已矣。」此與朱子「今日格一物,明日格一物。」以求豁然貫通者方法迥異,朱陸異同,所以終於難以調和歟。

象山之學雖高明超脫,然實不及朱子之學之精深博大,故自南宋下逮明代中葉,中國學術界皆為朱學所籠罩。自成祖編修《性理大全》,以五子之學術為宗,宋學遂成為科舉取士之工具。而宋學以敝,故至中葉遂發生一大反動,而有二大師興起,一為陳白沙獻章,一為王陽明守仁。白沙生於南粵,「孤行獨詣,其傳不遠」。陽明則德業事功,皆彪炳一代,故其學說有風行草偃之勢,直至明末,始起一新反動,故此時期,可稱明學時代也。

白沙少從吳康齋學,而無所得,乃歸。白沙「杜門不出,專求所以用力之方」,後乃發見「舍彼之繁,求吾之約,惟在靜坐」。久之乃見其「心之體隱然呈露,常若有物,日用間種種應酬」皆能隨其所欲,「如馬之御銜勒」。乃教學者靜坐,須於「靜中看出端倪」。此與濂溪「靜虛則明」同一意義。其與林郡博函云:「此理干涉至大,無內外,無始終,無一處不到,無一息不運,會此則天地我立,萬化我出,而宇宙在我矣。……隨時隨處,無不是這個充塞,色色信他本來,何用爾腳勞手攘?」此即孟子「萬物皆備於我」,橫渠「天地之塞吾其體;天地之帥吾其性」之意,而「色色信他本來,何用爾腳勞手攘」即孟子「勿忘勿助長」之意也,亦即明道「識得此理,以誠敬有之」之意也。

陽明少年嘗謁婁一齋,一齋語以格物之學,聞之甚喜。後讀朱子遺書乃從事格物,曾取竹而格之,不得其理,遂得疾。至二十七歲時,「乃悔前日用功雖勤,而無所得者,欲速故也。因循序以求之,然物理吾心,終判為二,沉鬱既久,舊疾復作,聞道士養生之說而悅焉。」及至謫龍場驛時,忽「中夜大悟格物致知之旨,不覺呼躍而起,從者皆驚,始知聖人之道,吾性自足,向之求理於事物者誤也。」至四十三歲,「始專以致良知訓學者」。

陽明之學說,以「致良知」與「知行合一」為主要。朱子之釋《大學》,所標舉之格物致知,為「即凡天下之物,莫不因其已知之理而益窮之,以求至乎其極。」陽明則主張格物致知即是誠意,以

為《大學》古本原作「欲誠其意者，先致其知，故君子必慎其獨也」。故慎獨即是致知之非過常之知識，而為孟子所謂「人之所不學而知者，其良知也」之良知。亦即明道「良知良能，皆無所由，乃得於天，不繫於人」之良知。故曰：「知是心之本體，心自然會知，見父自然知孝，見兄自然知弟，見孺子入井自然知惻隱，此便是良知，不假外求，……然在常人，不能無私意障礙，所以須用致知格物之功，勝私復理，即心之良知更無障礙，將以充塞流行便是致其知，知致則意誠」。其訓格物致知之意如此，故主張窮理即是盡性，故曰：「心之體，性也，性即理也，窮仁之理，真要仁極仁；窮義之理，真要義極義。仁義只是吾性，故窮理即是盡性。」梁日孚曰：「先儒謂一草一木，亦皆有理，不可不察如何。」曰：「夫我則不暇，公且先去理會自己性情，須能盡人之性，然後能盡物之性。」蓋以不知「理會自己性情，而惟馳！於窮身外之物之理，以為乃盡物之性」之非是，因告之以「夫我則不暇」，否則務外遺內，博而寡要，終不免玩物喪志之譏矣。其《答顧東橋書》云：「朱子所謂格物云者，在即物而窮其理也，即物窮理，是就事事物物上求其所謂定理者也。是以吾心而求理於事事物物之中，是析心與理為二矣。……夫析心與理而為二，此告子義外之說，孟子所深闢也。……若鄙人所謂致知格物者，致吾心之良知於事事物物也。吾心之良知，即所謂天理也。致吾心良知天理於事事物物，則事事物物皆得其理也。致吾心之良知者，致知也。事事物物皆得其理者，格物也。是合心與理而為一者也。」陽明之致良知說如此，蓋與朱子之體認與工夫皆截然異趣也。

其「知行合一」說，即由致良知之說而來。其言曰：「未有知而不行者，知而不行，只是未知。……故《大學》指個真知行而與人看，說如好好色，如惡惡臭，見好色屬知，好好色屬行，只見那好色時，已自好了；不是見了後，又立個心去好；聞惡臭屬知，惡惡臭屬行，只聞那惡臭時已自惡了；不是聞了後，別立個心去惡。」「某嘗說，知是行的主意，行是知的工夫；知是行之始，行是知之成。若會得時，只說一個知，便自有行在；只說一個行，已自有知在。……今人卻就將知行分作兩件去做，以為必先知了，然後能行；

我如今且去講習討論做知的工夫，待知得真了，方去做行的工夫，故遂終身不行，亦遂終身不知，此不是小病痛，其來已非一日矣。」其《答顧東橋書》云：「夫人必有欲食之心，然後知食；欲食之心即是意，即是行之始矣。食味之美惡，必待入口而後知，豈有不待入口，而已先知食味之美惡者耶？必有欲行之心，然後知路，欲行之心即是意，即是行之始矣。路岐之險夷，必待身親履歷而後知，豈有不待身親履歷，而已先知路岐之險夷者耶。……知之真切篤實處，即是行；行之明覺精察處，即是知。知行工夫，本不可離，只為後世學者分作兩截用功，失卻知行本體，故有合一併進之說。真知即所以為行，不行不足謂之知。」其闡發知行合一之理，十分精到而透切，真能中時病也。

因陽明主張知行合一之切實工夫，故不喜辨析性命等形上問題，且視心性為一體。故曰：「性一而已，自其形體也，謂之天；主宰也，謂之帝；流行也，謂之命；賦予人也，謂之性；主於身也，謂之心；心之發也，遇父便謂之孝，遇君便謂之忠，自此以往，名至於無窮，只一性而已。」陽明不但視心性為一體，亦視人與天地萬物為一體。故曰：「人的良知，就是草木瓦石的良知。若草木瓦石無人的良知，不可以為草木瓦石矣。豈惟草木瓦石為然，天地無人的良知，亦不可為天地矣。蓋天地萬物與人原是一體，其發竅之最精處，是人心一點聖明。」此即橫渠「天地之窮吾其體，天地之帥吾其性」之意也。既視天地萬物與人原是一體，則不期而然的主張是對的唯心論。一日陽明遊南鎮，一友指岩中花樹問曰：「天下無心外之物，如此花樹在深山中，自開自落，於我心亦何相關。」答曰：「汝未看此花時，此花與汝心同歸於寂，汝來看此花時，則此花顏色一時明白起來，便知此花不在汝心外」。且更進一步說：「天地鬼神萬物，離卻我的靈明，便沒有天地萬物了。……今看死的人，他的天地萬物尚在何處？」蓋陽明素精佛學，故其講學，雖不深討宇宙，而自有精到之論也。陽明以天地萬物與人為一體之說，其說門人羅念庵洪先闡明之曰：「當極靜時，恍然覺吾此心，中虛無物，旁通無窮。有如長空雲氣流行，無有止極；有如大海魚龍變化，無有間隔。無內外可指，無動靜可分。上下四方，古往今來，渾成一片。所謂無在而無不在，

吾之一身，乃其發竅，固非形質所能限也。是故縱吾之目，而天地
不滿於吾視；傾吾之耳，而天地不出於吾聽；冥吾之心，而天地不
逃於吾思。古人往矣，其精神所極，即吾之精神，未嘗往也；否則，
聞其行事，而能憬然憤然矣乎？四海遠矣，其疾痛相關，即吾之疾
痛，未嘗遠矣；否則，聞其患難，而能惻然魷然矣乎？是故感於親
而為親焉，吾無分於親也；有分於吾與親，斯不親矣。感於民而為
仁焉，吾無分於民也；有分於吾與民，斯不仁矣。感於物而為愛焉，
吾無分於物也；有分於吾與物，斯不愛矣。是乃得之於天者，固然
如是，而後可配天也。故曰仁者渾然與物同體。同體也者，謂在我
者亦即在物，合吾與物而同為一體，則前所謂虛寂而能貫通，渾上
下四方、往古來今、內外動靜而一之者也。」念庵此說發揮陽明之
旨可謂淋漓盡致，其意境之雄偉與橫渠之《西銘》相若，王學之橫
被一世，蓋有以也。

　　王門高弟有江西之鄒東廓（守益）、羅念庵（洪先）、歐陽南野
（德），浙江之徐曰仁（愛）、錢緒山（洪）、王龍溪（畿），及泰州之
王心齋（艮）。而推行王學最有力者，厥為龍溪與心齋。而龍溪之學
益近於禪，「時時不滿其師說，益啟瞿曇之秘而歸之師，蓋躋陽明而
為禪矣」。王學之敗壞，即此不流別派所引致也。先是陽明以四語
教人曰：「無善無惡心之體，有善有惡意之動，知善知惡是良知，
為善去惡是格物。」龍溪以為此乃陽明教人權法，其實則性無善無
惡，意無善無惡，知無善無惡，所謂心是「無心之心」，意是「無
意之意」，知是「無知之知」，物是「無物之物」，如是「惡固本無，
善亦不可得而有也」。陽明尚闢佛，龍溪則公然承認「輪迴」與「種
子」，且教人「即念而離念」，純為禪門修持方法。心齋後學如顏心
農主張「平時只是率性而行，純任自然，便謂之道。……凡儒先見
聞，道理格式，皆足以障道」，亦禪宗之教也。其末流則更猖狂，
李卓吾（執）竟有「酒色財氣，不礙菩提路」之語，則絕對與陽明
之教相背馳矣。

　　中國自南北朝迄於隋唐六百餘年，全民族皆為佛教思想所籠罩。
除文學外，本國學術視外來之佛學大有遜色，玄學已就式微，新儒
學雖有韓愈李翱為之前驅，然尚只有萌芽圻甲之象。直至周邵張程

朱五子出，而新儒始克成立，而取排斥就衰之外來佛教之效，而同時以吸收道釋二家之思想，對於儒學之內容，亦有所擴充與增益。新儒學之思想，於是籠罩元明清三代學術界六百餘年，此宋明理學所給與中華民族之巨大影響也。再則宋儒雖云繼承孟子，而主張居敬守禮，實荀學精神，而克己去欲，則又有佛家傾向。隋唐以來，中華民族習染夷風，頗輕禮法，亦尚豪奢，流風所被，至北宋而未泯。自程朱之教行，而社會之風俗丕變，其影響亦垂及六百餘年，如官妓之廢止，舞蹈之衰歇，皆其著者。而最大之影響，則在家庭。隋唐承六朝之弊，風俗淫奢，婦德尤不重視，即在北宋，弊習猶存，寡婦再醮，尤為常事。自程子創餓死事小，失節事大之說，影響波及於閨門。而宋儒在遊宦之時，到處以提倡節孝自任，士君子之家庭，亦竟以此自勵，故風俗丕變，其影響下及今日而未已，此亦宋明理學之功也。然宋明理學末流，或貌襲程朱，貽偽善之譏，或高談陸王被狂禪之消，要皆鄙夷世務，不治經世之學，無補於國，無補於身。「無事袖手談心理，臨危一死報君王」，宋明兩朝之覆國，理學皆不能全辭其咎，此所以為清儒所指斥，而一厥不復振，而國家民族蒙有重大之惡影響也。〔註2123〕

4月，鄭萬鈞建議政府成立水杉保存委員會。

　　鄭萬鈞自述中，洽有關於此會成立源起之說明，其云：「1948年錢耐（R. W. Cheney）來我國看水杉回寧之後，我曾建議政府成立水杉保存委員會。水杉保存委員會在中央博物館開了一次成立會。十月胡適、胡先驌來南京出席中央研究院評議會，水杉保存委員會又開了一次，這次會上我談了觀察水杉情況。會後，杭立武邀請胡適、胡先驌、杭立武的女秘書和我五人到南門外回族館吃午飯，以後就沒有再開了。」由此可知，水杉保存委員會是在鄭萬鈞向杭立武提議之下而成立，因杭立武為教育部次長，中央博物院隸屬於教育部，即將委員會隸屬於博物院。〔註2124〕

〔註2123〕《胡先驌全集》（初稿）第十五卷人文科學文章，第585～598頁。
〔註2124〕胡宗剛著《曾濟寬考察廬山森林植物》，公眾號註冊名稱「近世植物學史」，2022年08月04日。

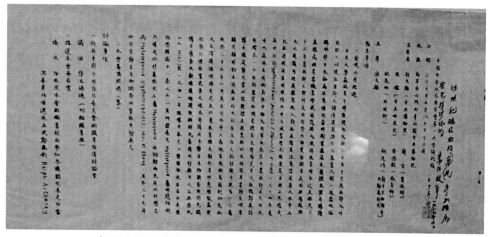

中國水杉保存委員會第一次會議記錄（曾祥金提供）

　　5月8日下午，南京國民政府對水杉發現非常重視，敦促農林部、教育部、內政部等三個行政部門及中央博物院、中央研究院、靜生生物調查所三個研究單位組成了「中國水杉保存委員會」。委員會連續召開2次重要會議，討論水杉等事項。第一次成立保存委員會，通過組織章程，選舉會長、副會長、秘書長及設立三組保存組、繁殖組、研究組的人員，資金籌措等。

中國水杉保存委員會第一次會議記錄

時間：1948年5月8日下午3時

地點：南京中央博物院中山門半山園

出席者：

　　　翁文灝　（中央博物院）

　　　韓安　（農林部）

　　　裴鑒　（中央研究院）

　　　李德毅　（教育部）

　　　姚筱珊　（內政部）

　　　胡先驌　（靜生生物調查所）

由於胡先驌遠在北平，由鄭萬鈞代。

主席：翁文灝。

報告事項：

一、水杉的發現經過（略）；

二、中國水杉保存委員會籌備經過（略）。

討論事項：

（一）擬具中國水杉保存委員會組織章程請討論案

議決：修正通過（附組織章程）

（二）推選中國水杉保存委員會委員案

議決：除依據本會組織章程，由參加各機關代表充任當然委員外，推選杭立武、鄭萬鈞、Ralph A. Chaney.及 Roscol pound 四先生為委員。

（三）敦聘中國水杉保存委員會名譽會長案

議決：敦聘司徒雷登大使及胡適先生為名譽會長。

（四）指定中國水杉保存委員會會長、副會長、秘書、各組組長案

議決：推定翁文灝為會長

杭立武為副會長

李德毅為秘書

韓安為保存組組長

鄭萬鈞為繁殖組組長

胡先驌為研究組組長

（五）中國水杉保存委員會工作如何推進案

議決：中國水杉保存委員會工作綱要草案（附草案）大體修正通過，仍交三組研究並擬具體進行方案。

（六）中國水杉保存委員會經費如何籌措案

議決：由參加各機關團體各先繳國幣伍千萬元；另資源委員會輔助國幣一千萬元。

附：中國水杉保存委員會組織章程

一、本會定名為中國水杉保存委員會。

二、本會會址暫設中央博物院。

三、本會之任務在保存現存水杉，協助其繁殖並研究其在植物、地質等方面科學之價值。

四、本會以委員九至十三人組織之，其中六人，由中央研究院、內政部、教育部、農林部、中央博物院、靜生生物調查所各派代表

一人充任當然委員，餘額由當然委員就熱心贊助之中外人士及專家中推選之。

五、本會設名譽會長二人至四人，經會議議決後敦聘之。

六、本會設會長、副會長及秘書各一人，由委員中推選之。

七、本會分設三組：（一）保存組；（二）繁殖組；（三）研究組。每組各設組長一人，由委員中推選，另聘各組辦事，細則另訂之。

八、本會辦事人員，由參加各機關調用，必要時酌用專任人員。

九、本會每月集會一次，必要時得由會長或三分之一委員之提議召集臨時會議。

十、本會經費由各參加機關分別籌措並得接受捐贈。

十一、本會工作應隨時發表並得向各機關行文。〔註2125〕

國立中正大學土木系畢業留念

5月11日，任鴻雋致胡先驌信函。

步曾吾兄左右：

八日來示敬悉，時局大勢未可樂觀，誠有如來示所云，但據弟所知，在平之教育文化機關尚未有作避地之計劃者，靜所雖欲未雨

〔註2125〕中國水杉保存委員會第一次會議記錄（原件複製），汪國權著《水杉的發現與研究》，江西高校出版社 1999 年 9 月版，第 141～144 頁。

綢繆，亦不可過於張惶，致授人口實。弟為靜所計，此時除非與某機關合併，決難南遷，而合併之難，吾人早已備嘗，蓋在今日經費房屋兩均拮据之際，任何機關皆難有濟人之急之餘力也。弟日前在京與立武言及靜所與中央博物院合作時，渠即力言靜所經費可另由教部設法，看其動機，仍是不願在中央博物院作收留靜所之舉耳。以此推之其他學校，何莫不然。故弟以為如靜所欲計出萬全，最好將重要標本書籍及照相等陸續用小包運至內地（昆明即是較為安全地方），而整個計劃只好緩看機會，此時要急亦急不來，此無可如何之事也。至兄之家眷任遷居何處，原是私人行動，只要有適當處所，應不發生困難，惟在吾兄自決耳。要之處目下情形下，任何行動皆是困難重重，弟在力所能及處，自當儘量為兄及靜所籌劃，同時亦望兄持以鎮定，因時局變化必非一朝一夕之事，尚不至無周旋餘地耳，尊意以為何如？

　　特此先復，即頌

時祉

　　　　　　　　　　　　　　　　　　　　弟　任鴻雋

　　　　　　　　　　　　　　　　　卅七年五月十一日〔註2126〕

　　5月15日，Notulae Systematicae ad Floram Sinensem XI（中國植物分類小誌十，即中國植物區系長編）刊於 Bull. Fan Mem. Inst. Biol.《靜生生物調查所彙報》（新第1期第2期，第141～152頁）。

　　5月15日，On the New Family Metasequoiaceae and on Metasequoia glyptostroboides, a Living Species of the Genus Metasequoia Found in Szechwan and Hupeh（水杉新科及生存之水杉新種）（與 Cheng, Wan-chun 鄭萬鈞合著）刊於 Bull Fan Mem. Inst. Biol, n. Ser.《靜生生物調查所彙報》（新第1卷第2期，第153～161頁）。

　　5月15日，On Four New Species cf Carpinus from Southwesfern China（中國西南部四科新鵝耳櫪）刊於 Bull. Fan Mem. Inst. Biol. n. Ser.《靜生生物調查所彙報》（新第1卷第2期，第185～190頁）。

────────────

〔註2126〕胡宗剛撰《胡先驌先生年譜長編》，江西教育出版社，2008年2月版，第481頁。

1948 年冬四川萬縣磨刀溪水杉

5 月 15 日，Some New Trees from Yunnan（雲南樹木之數新種）（與 Cheng, wan-chun，鄭萬鈞合著）刊於 Bull, Fan Mem. Inst. Biol, n. Ser.《靜生生物調查所彙報》（新第 1 卷第 2 期，第 191～198 頁）。

5 月 15 日，New and Noteworthy Species of Chinese Acer（中國西南部槭樹之研究）（與 Cheng, Wan-chun 鄭萬鈞合著）刊於 Bull. Fan Mem. Inst. Biol. n. Ser.《靜生生物調查所彙報》（新第 1 卷第 2 期，第 199～212 頁）。

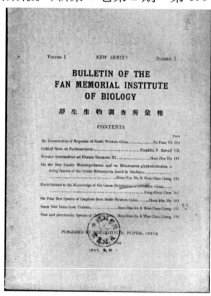

胡先驌與鄭萬鈞聯合發表水杉論文的《靜生生物調查所彙報》刊物

　　5月15日，胡先驌、鄭萬鈞共同在《靜生生物調查所彙報》，（新1卷第2期，第153～162頁）正式發表英文論文《水杉新科及生存之水杉新種》，第153～159頁，（另有中文說明），署名為胡先驌、鄭萬鈞。附圖：第一圖說明，水杉圖畫。1. 果支示葉與幼果球（原大），2. 二成熟毬果（原大），3. 小蕊花枝示小蕊花之排列（原大），4. 小蕊花（放大八倍），5～6. 小蕊花之二鱗片示其腹面與背面，具基生小蕊（放大十六倍），7. 種子（放大五倍）。第二圖，水杉產地分布圖。全文如下：

　　　　胡先驌、鄭萬鈞著《水杉新科及生存之水杉新種》

　　　　民國三十四年萬鈞在渝，由吳中倫先生轉示農林部王戰先生在四川萬縣磨刀溪所採之水杉標本，並經王氏鑒定為水松（Glyptostrobus pensilis K. Koch），惟其葉對生，果鱗亦對生，與水松絕異，當經認該種，係一種新植物，而非水松。隨於三十五年二月及五月由中央大學森林系技術員薛紀如先生兩次前往萬縣磨刀溪，採獲花及葉果標本，益知確係從未發現之新屬，至饒興趣。惟戰時後方文獻極少，乃由萬鈞函陳先驌，告知發現此一有趣之新屬，並將其小型標本寄往北平，當經研究，確定水杉，屬於日人三木茂根（S. Miki）於1941年在日本植物學雜誌（Jap. Jour. Bot.）十一卷第二百六十一頁所發表之化石植物之新屬 Metasequoia.三十六年秋復由中央大學技術員華敬燦先生，前往川鄂邊境探索水杉之分布，並採獲成熟之種子頗多，業經分寄國內外植物園，以廣繁殖，籍以保存此稀有行將滅絕之樹種。先驌復就中國之 Sequoia 古生種加以研究，發現撫順所產之一種，應屬於水杉屬，曾改正發表（見中國地質學會雜誌，第二十六卷，一○頁至一○頁，1946年，Noteson Palaeogene Species of Metasequoia in China）。繼之美國 California 大學 Chaney 教授亦就格林蘭及北美產之 Sequoia 化石種改正，隸水杉屬者有七種（見本文），連同日人所發表之三種化石種，總計水杉屬，有化石種十種。分布於：格林蘭，北美，中國及日本，自上白惡紀至第三紀末期之時期。水杉屬之生存種僅川鄂交界所產之一種。其原產地稱此樹為水杉（原產地稱「水杪」——引者注），因其形似杉類而喜生於水邊，故得名。

水杉學名為 Metasequoia glyptostroboides Hu et Cheng.

水杉為落葉大喬木，高達三十五米，胸高直徑達二‧三米。枝斜展，老樹之小枝下垂，側枝對生，列成兩排，頂芽及側芽無，冬季與葉俱落。葉扁平，長八至十五毫米，寬一‧二毫米，在主枝上相互對生，花大小蕊花同株，單性，單生葉腋間，小蕊花無柄，生於枝之上部，開花時無葉，故成總狀花序狀或復總狀花序狀。大蕊花具柄、鱗片相互對生，生育之鱗片有直立之胚珠五至九個。毬果下垂，圓形而微方或為短圓筒形，長十八至二十五毫米，直徑十六至二十三毫米，當年十月成熟，鱗片相互對生，盾形，高七至九毫米，柄長二至五釐米，生育之鱗片有種子五至九個，高七至九毫米。種子扁平，周圍具薄翅，頂端微陷，長六毫米，闊五毫米。子葉二。

水杉之親緣似最近北美之 Sequoia, Sequoiadendron, Taxodium 及中國之水松 Glyptostrobus，惟此四屬之葉及毬果之鱗片皆互生，異於水杉。水杉之葉，花及毬果鱗片皆對生，又近柏科，其在分類上之正確地位界於杉科與柏科之間，實為此二科之遠祖，故稱之為一新科，名水杉科（Metasequoiaceae）。

水杉標本繪圖

水杉不僅為杉科與柏科之遠祖，在分類學中，此種之發現，極為重要，且化石水杉發見數年之後，在其滅絕區域之外於川鄂交界發現此生存種，尤饒興趣，並足資引證生存植物分類之研究，同時應注意各該類祖先種類之考據。此即植物分類學與古植物學應同時兼事研究，方不致發生二者不獲相連之缺憾。今水杉之發現，對於此點之貢獻其意義更為重大。

水杉分布於四川萬縣南岸磨刀溪及湖北利川陽和鄉水杉壩。分布地帶方廣約六十方公里。以利川陽和鄉水杉壩為中心，散生山谷中，大小樹木約一百株，或生水邊，或生山坡。其模式樹（typetree）生於萬縣磨刀溪溪水之濱，為一高三十二米之喬木，其近旁尚有中年水杉樹兩株。

水杉之木材生長頗速。心材褐紅色，邊材白色，不耐水濕。其生產地用作樓板及室內裝修木料之材。〔註2127〕

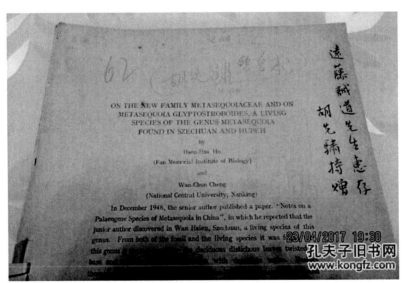

胡先驌與鄭萬鈞共同發表《水杉新科及生存之水杉新種》論文，送給遠藤誠道先生留念

5月31日，評議員通信投票修正《國立中央研究院評議會選舉規程》，數理生物人文三組總額至多50人，每組名額至少10人。院士會議開會選舉評議員時，由出席院士就評議員候選人用無記名票選舉，候選人得票較多且占出席院士過半數者當選。

〔註2127〕《靜生生物調查所彙報》1948年新第1卷第2期，160～161頁。

5月，發表《論檢察院革新》文章。

　　在《論檢察院革新》政治收拾人心，為建議懲治貪污，提高行政效率，調整開支，改革賦稅四條方案。明知反動派政府已得不治之症，而想把死馬當做活馬醫，開了些不能實現的方案。今日看來，實在是無聊已極。〔註2128〕

《國立中央研究院概況》一書

　　6月4日，借靜生生物調查所成立二十週年紀念之機，向教育部要求經費支持。

　　是靜生所創辦20週年的1948年，在不斷惡化的形勢下，誰也無暇顧及到所慶。努力籌集到一點經費，也是杯水車薪，更何況在通貨膨脹之下，根本就起不到什麼作用，靜生所處境更加困難。任鴻雋與胡先驌商議，再次提出請國家來辦理此所。任鴻雋親為起草中基會致教育部公函：

　　敬啟者：謹案本會自成立以來，對於吾國教育文化，勉竭棉薄，為國貢獻。在過去二十餘年中，由本會倡導設立，暨受本會補助之教育文化機構不下百餘，凡此經過，俱見按年出版之報告中，久荷鑒察。惟自民廿九年起，因抗戰關係，庚款停付，本會鑒於經費來源之銳減，即力謀開支之緊縮，一面借款維持少數必須繼續進行之機關；一面將合辦事業移請合作機關接受辦理，北平圖書館於民三

〔註2128〕胡先驌著《對於我的舊思想的檢討》，1952年8月13日。《胡先驌全集》（初稿）第十五卷人文科學文章，第629～640頁。

十五年改歸部維持，土壤調查所於同年移請經濟部接收，即其一例。

唯近年以來，因物價波動劇烈，而本會經費多屬有限，即此少數仍由本會撥款維持之機關，亦有難於繼續之勢。查此類由本會補助之機關有：靜生生物調查所、中國科學社兩單位，皆歷史悠久，對於我國學術之進展，有其特殊貢獻，若因經費不繼，聽其中輟，實為我國學術上之重大損失。茲特援照本會之北平圖書館及中基會地理研究所成案，請收靜所、中社，員工薪津列入貴部文教事業預算，國庫支撥；一面仍由本會就能力所及，酌予事業費之補助。庶使此成效顯著、國際蜚聲之學術組織得以維持進行，續圖貢獻，我國學術幸正。

附呈靜所、中社概況及員工名單各一份，並希鑒察，准予照辦，至為企荷。

此致

教育部

任鴻雋

三十七年六月四日〔註2129〕

6月7日，《對於立法院之期望》文章在《華北日報》發表。同年6月9日，轉載於上海《申報》。摘錄如下：

今年五月二十日行憲政府之副總統就職，十七日立法院副院長選出，孫科先生以得五百五十八票當選為正院長，陳立夫先生以得三百四十三票當選為副院長，廿四日立法院正式通過翁文灝先生為行政院長，此為憲政實施以後最重要之三件大事。蔣總統在就任演說中鄭重聲明行憲政府必當恪守憲法所規定的範圍，執行憲法所賦予的職責；必須整頓軍事，加強軍事，在短期內戡平叛亂；必須整肅吏治，樹立紀綱，起用賢能，刷新人事，厲行考核，嚴明賞罰，勤求民隱，減除地方民眾所受法外之苛擾；更必須簡化法令，釐定權責，統一執行之機構，芟除繁複不切實際之法規；在經濟措施方面，必須貫徹三民主義的實施；治標則必須以有效的方法穩定幣值，

〔註2129〕 中華教育文化基金董事會致教育部，1948.6.4，南京：中國第二歷史檔案館，484，（1026）。胡宗剛著《靜生生物調查所史稿》，山東教育出版社，2005年10月版，第193〜194頁。

平衡收支，管理金融，改善交通，使物價趨於安定，人民得無窮困；治本則必須推行土地改革，保護佃農利益，推廣農地貸款以平均地權；必須用累進稅率，徵收過分利得，取締投機暴利，以節制資本；尤必須推行合作事業，獎進農工生產，保護合法貿易，歡迎國際投資。蔣總統所標舉新政府之施政方針，實為全國人民所企望者。然在新憲法所規定之條文下，立法院有絕大之權，不但一切重要法規皆須由立法院立法，且立法之後，行政院必須見諸實施，否則行政院長必須辭職。故在今日立法院之權，乃遠在訓政時期之上。將來國家政治之休明與否，立法院所負之責，反較行政院為大。故人民所期望於立法院者，尤超乎所期望於行政院者之上也。

當前最重要最迫切之事為戡亂。然而經濟戡亂之重要更在軍事戡亂與政治戡亂之上。我國在八年抗戰之後，又經過兩年剿匪，民生凋敝已極。老弱死於溝壑，少壯不服兵役，便為「共匪」參軍，或聚嘯山林成為股匪。田野荒蕪，災民遍野。而以戡亂需款，於是徵購徵實，誅求無藝，適以為叢驅雀，徒增亂源。而豪門奸商，投機囤積，富者益富，貧者益貧。過去徵稅，皆不及於富豪，政府始終不敢徵收財產捐，取締投機囤積亦無有效方法，故立法院第一要務，即在通過嚴密徵收財產稅與徵用國人在國外存款之法規，以平民憤而裕財源，庶以平衡收支，穩定幣值。此期望於立法院者一也。

土地改革為當前之急務。耕者有其田，尤為民生主義所標榜。同時「匪黨」正以土地改革方案為其政治資本。即在地方政府如廣西、山西、河北、福建亦有其單行之土地法規。處此情形，立法院之訂定《土地法》，尤刻不容緩。或者徹底使耕者有其田，或訂立限田法，或採用地政學會所提方案，使佃農在十四年後取得所佃之田之所有權，或發行土地公債，購買地主之土地以分配於佃農，或廣行土地貸款，使佃農可有資金購買地主之土地，或限定地主所有之田不能超過某一限度，超額之田，無價收歸國有，轉而分與貧農。此皆須徵集專家之意見，審慎討論，訂定法規。法規訂定之後，即須普遍實施，同時取消地方政府所訂之單行法，以謀法令之統一。尤有要者，即「共匪」與各地方政府所定限田之額，皆嫌過低，此農學家、經濟學家人人所能言者。今日立法委員中農業專家甚多，

甚盼彼等能擬訂通過適合國情適合農業經濟之土地法也。

復次，為人民謀福利尚有與耕者有其田同樣重要者，即蔣總統所標舉之推行合作事業獎進農工生產是也。農業有季節性，故在農產品未收割以前，則穀價騰湧。貧農存儲不足，每須高價購買糧食。及至新穀登場則穀價驟落。又每每在青黃不接之際，農民被迫而接受高利貸，甚或忍痛豫賣青苗。此種剝削必須徹底取締，則信用貸款與抵押貸款實為重要。今日農民銀行雖亦向此方發展，惜貸款之規模過小，不足以應農民廣大之需求。經濟學家每謂合作制度為實現社會主義最優良之方式。盼立法院在此方面從速訂立完善之法規，並擴大農貸，使農民得以免除高利貸之剝削，與收穫時穀賤之損失，則增進農民之利益，即所以解除革命之危機也。

復次農民占全國人口百分之八十以上，而在工業不發達之情況之下，國家之歲入，大部利賴農民所繳之租稅。近年煙葉之價格翔漲，政府所徵收之煙草稅在上海一埠竟占消費稅百分之六十以上。即此一端可概其餘。然而政府為謀農民之福利，曾費幾何經費？過去行政院不設農林部。今日農林部之經費占全國歲出預算之最小額。中央農業試驗所夙有成績，而經費極少，不能展開其事業為農民興利除害。姑舉一例：據估計江南某省每縣每年耕牛死於牛疫者約一萬頭。以今日之物價計之，全國死亡耕牛之損失，必為極大之天文數字。而今日美國已有終身免疫之血清，法國又發明 R. Q. X. 之聖藥，苟能使全國農業改進所有充足之經費，擴大其機構，即制止獸疫一項，每年減少國家與農民之損失者將可億計。至於興修水利，改良種子，增加肥料，農產加工，種種農業科學上之措施，可以增加國富而裕民生者，其數殆不在工業化之下，而所費之經費必較小。今憲法上規定教育文化科學經費，須占全國歲出預算百分之十五。則為最大多數之民眾謀福利計，農林事業經費應占全國歲出之若干乎？故立法院必須在各方面增加農林事業經費以謀增進農民之福利。此期望於立法院者二也。

今日之在官者，固多賢能，然沓冗無能貪污瀆法之惡吏，亦不在少數。而顯貴與高級將領之貪污，其數量之巨，尤駭人聽聞。賞罰不明，紀綱不立，久為中外所騰笑。而冗員益多，行政效率益低

下。政府日日言裁員，而戡亂建國委員會以厚蒙豢養坐食之冗員竟至數千人之多。又自新縣制施行以來，縣級官吏驟加數倍，而縣政之不舉猶如往昔。如何確立人事制度簡化機構，裁汰冗員，以節經費，如何簡化行政手續，及芟除繁複不切實際之法規，以增加行政效率，皆有賴於賢明之立法。此期望於立法院者三也。

教育為立國之大本，而我國之教育制度不能配合人民之實際需要。義務教育尤以缺乏經費不能普遍認真辦理，至無以掃除文盲，提高一般人民之知識水平；高等教育亦以經費不足，有名無實。因之全國教育之水平日見低落，無以配合建國之需要。雖憲法規定教育文化科學經費占全國歲出預算百分之十五，然尚未見諸實施。又科學為近代立國之基礎，科學不能迎頭趕上，即無以自存於今日之世界。蘇聯有鑑於此，故不惜以龐大經費以擴充科學研究事業。故能在短期間，使其科學發達駸駸可以追蹤英美，一躍而為兩大強國之一。我國在戰前十年科學研究尚有規模，至今日則以經費缺乏，科學研究十九陷於停頓狀態。前年國防最高委員會通過一決議案，規定以歲出總預算百分之一列為興辦科學研究專款。然而主計處竟不將此項經費列入預算，荏苒兩年，終未見諸實施，遂使國內科學研究不能進展。今後如何徹底改革教育制度，如何將憲法所規定國家總預算中百分之十五教育經費照數支付，以及如何實施國防最高會議籌撥總預算百分之一之科學研究專款，皆有賴於立法。此期望於立法院者四也。〔註2130〕

6月8日，《論我國今後之外交政策》文章在天津《民國日報》發表。同月，轉載於《文化先鋒》（第8卷第12期，第1～2頁）。摘錄如下：

一國之外交政策，不但影響其本國之安危，且影響全世界之安危。過去我國執政者昧於世界大勢，無主動之外交政策，但知應付與趨避，故事事失敗。直至國民黨執政，政府始漸有外交政策之可言。然有時因外交部長與地方長官之無能，而貽誤大事。在九一八事變以前，日本外相幣原喜重郎確有與我國親善之意，而以我當時外長之昏庸，與主政東北者之狂妄，終於促成九一八事變。迨九一

〔註2130〕《胡先驌全集》（初稿）第十五卷人文科學文章，第576～578頁。

八事變爆發,日本政府已失去控制軍人之能力,中日大戰遂不能遏止,此乃中日兩國之不幸。而揭開內幕坦白言之,我國政府亦不能完全諉過於日本者也。

《論我國今後之外交政策》文章

然自抗日戰爭爆發以後,以總統蔣公睿哲之政治眼光所持對美對日對英之外交方針無一不正確,無一不敏銳,左宜右有,舉措咸宜,故著著勝利,終於獲得最後之勝利;且將鴉片戰爭後訂立已及百年之不平等條約輕輕取消,又將自甲午戰役割讓已五十年之臺灣收復,積弱之中國乃一旦驟躋於世界五強之列。我國外交之勝利,至此可謂達於極點。然在抗戰期間,我國對蘇聯之外交則殊為失敗,尤其在處置新疆事變一端,過於短識,至使蘇聯與我交惡,終於獲得雅爾達會議之惡果,此至可痛心之事也。時至今日,美蘇交惡,幾有圖窮匕現之勢,若我國無明睿之外交政策,則萬一第三次大戰爆發,我國必無以幸存,此朝野上下必須以全力商討者也。

蔣總統在就任演辭中,闡明新的對外政策有三部分:一為維護並加強聯合國的組織;一為屬行自助以配合國際合作政策;一為以寬大政策輔助日本民主勢力之成長。此實最賢明之外交政策,而政府自抗戰勝利後在蔣總統領導之下正在切實奉行者,今願得而申論之。

　　第一，我國經過八年之抗戰犧牲，自渴望實現聯合國世界和平之理想，故極願維護並加強聯合國組織之力量。雖因國際間之猜疑與強權政治，致聯合國組織尚未能成為維護世界和平之有力機構，然我國並未懷疑其存在之價值。我國今既為世界五強之一，又為東亞之盟主，則我國對於聯合國之態度，必能影響聯合國組織之命運。在此機構中我國尤能表現獨立自主之立場，不袒蘇亦不袒美，因而博得國際間之重視。惜我國以久經戰禍，瘡痍未復，又遭極廣大之內亂，以至國力低降，因而影響到我在聯合國中發言之力量；然我國究為安全理事會之常任理事國，若能始終一致以獨立自主之精神悉力維護此組織，必能逐漸加強其力量以維持世界和平也。

　　第二，我國既渴望維持世界和平，自願謀取國際合作。對於此點，我國曾經蒙受無比之犧牲，如雅爾達會議所定之密約，事前並未徵求我國之同意。我國本可不承認，如在第一次世界大戰後，我國在巴黎和會拒絕簽字於《凡爾賽條約》者然，則英美蘇三國均將陷於窘境；然而我國終於忍痛簽訂《中蘇友好條約》，不得不謂為為國際合作而犧牲。進一步蘇聯連《中蘇友好條約》亦不忠實履行，使大連市至今不能接收，旅順我國亦不能利用，且以軍火接濟叛黨；然我政府始終隱忍，盼蘇聯改變其作風，一面仍供給蘇聯以其所缺乏之鎢砂與茶葉，我國對蘇聯和平合作之精神，可謂至矣盡矣。又如勝利之初，我國曾派兵至越南北部受降，而事畢即撤兵，對法國及越盟，不作左右袒，甚至我國僑民遭受法越雙方之虐殺，我國亦盡遵循外交途徑，提出抗議，從未作進一步之表示。又暹羅在日本佔領下曾成立傀儡政府，然勝利以後，雖其新政府對我僑民種種苛待，我國以四強之一之地位，對於暹羅蕞爾小邦，仍本以大事小之精神，除遵循外交途徑抗議洽商外，亦未有更嚴厲之處置。對於荷印之爭亦然，因此頗引起外交軟弱之非難，然自其遠大者觀之，仍為謀國際和平之表現而值得稱道者也。

　　第三，我國遭受日本八年之侵略，軍民之傷亡以千萬計，公私財產之損失以億兆京垓計，然總統蔣公在受降之日，即宣稱對於日本決不採報復主義，對於俘虜處置極其寬大，使之莫不感激涕零。我國雖受害最深，然處決日本戰犯遠較他國為少，至今崗村寧次尚

安居南京，而日籍之技術人員與大學教授留居東北、臺灣與各地者尚非少數，和約未定即以鹽鐵以濟其工業之匱乏。不但政府如此寬大，即一般民眾，在自睹此輩黷武者失敗之慘狀後，立即起憐憫之心，從無虐待之事；此為任何國家民族所難能者。今總統蔣公於就職之日，復鄭重聲明，對日不取報復主義，必須盡最大之努力，輔助日本真正民主勢力的成長，使日本的政治制度、社會制度與人民思想能獲得真正之改造。同時賀耀祖與湯恩伯兩將軍發起組織東亞文化協會，政府即以國幣十億資助之，在東京成立分會。朝野對於戰敗後之日本如此提攜，無怪其首相蘆田感激萬分也。日本自唐以來，即認中國為上國，派遣留學生，盡力吸收中國之文化，其政制、宗教、文字、學術、思想、建築、藝術、音樂、舞蹈，無一非傳習中國者。而明末大儒朱舜水為德川幕府所師事，尤能以儒家之體治精神以薰陶其朝野，遂開德川二百年之盛治。惜在明治維新以後，日本震於歐美之強大，乃改弦易轍，效法歐美，捨棄昔日立國之大本，效尤歐西之帝國主義，終於獲得亡國之慘禍。今我國不念舊惡，以德報怨，正奠定東亞永久和平之上策，至堪擁護與遵循者也。

然愛國人士，怵於日本軍閥之侵略，對於美國扶持日本之政策，不斷表示疑慮，或畏其軍國主義之復燃，或畏其經濟侵略，足以打擊我國幼稚之工業，此固理所當然。然美國之培植日本，使之能自給自足，同時在必要時，可以抵禦共產主義之狂潮，而成為美國及其未來侵略者中間的堅定堡壘，在美國之國策上，自屬必要。苟如歐洲一般人所信第三次世界大戰將在一九五〇爆發，則美國必用租借法案方式武裝日本以抗蘇聯，一如美國之助我訓練新軍與海軍，及以二百七十餘軍艦與其他大量軍火贈與我國者然。此係現實政策不得不爾，亦猶在第二次世界大戰，美國不惜扶植蘇聯極權國家以打擊德國極權國家也。然非到臨時美國必不使之有強大武力，而中國則正在建軍，美國亦將以經濟力助我建立重輕工業。苟第三次大戰真不可免，中國無寧有一抵抗蘇聯之能力之友邦日本，而不願有一為蘇聯所征服而共產主義之日本，然而在蘇聯指揮下共產主義化之日本威脅中國之生存遠較美國扶持之民主之日本為大也。我國對於日本取寬大政策，未嘗不有見於此。余在抗戰初年即主張於擊敗

日本後，即盡力謀中日親善，明哲之士具此同感者當不乏人。若謂在中國建立新軍之後，日本尚敢侵略中國，恐非意中之事，且我國當局對此點並非無警惕之心。蔣總統與軍政當局自知隨時防止日本軍國主義之復燃，以免自貽伊戚，故對日訂和約，英美主張放棄否決權而我則不肯放棄之，而蔣總統亦鄭重聲明在決定對日和平條款時，我國在和會中應有一種特殊之地位也。

至謂扶植日本工業足以打擊中國之幼稚工業，自屬可慮，然此非絕對無法控制之事。東亞有人口十億，生活水準低下。澳洲某教授云澳洲人民之生活水準低於美國人民一半，而東亞十億人之生活水準，則只有美人十分之一。若將東亞人民之生活水準提高至澳洲人之程度，則須增加世界現有之資本十倍，現產消費品之十四倍。故日本工業之復興，若不以貨物向中國傾銷，而同時提高東亞人民之生活水準，則殊不足以妨害中國之新興工業也。東亞諸邦，實有共存共榮之需要。美國有人以美國資本施行東亞共榮之尼赫魯計劃，吾人正須極端贊助此舉，固無制止日本工業復興之理由也。不過日貨傾銷之危機，自須防患於未然。然苟我國政治清明，內亂戡定，積極利用美國之資本與技術以盡速建立重輕工業，則必不至受日本之經濟侵略。若不能把握時機，自求多福，則終無以自存於今日之世界，即欲長期壓制日本亦勢不可能也。

我國對於東亞諸國所採取之善鄰外交固屬正當，惜尚不夠積極。我國對於印度，固在極力謀親善，然尚未有具體之經濟合作計劃。而在中南半島及馬來聯邦、菲律賓諸國，以我國僑民頗能掌握僑居之國之經濟權，故常引人疾視，而各地皆有排華之傾向。政府宜及早與此等友邦謀得經濟之合作，尤宜領導我國僑民開發各處之富源。苟有良好計劃以利用僑民之資金經營未開發之地如婆羅洲、蘇門答臘、麻六甲等處，其有利於東亞民族與自利者，殆不可億計。今美國即倡導東亞各民族之自助，則吾人尤宜勉為東亞共榮運動之領導者。我國素無侵略之野心，但求與東亞諸兄弟之邦共謀經濟上之合作，果爾則休戚相關，共存共榮，可以增加我國僑民之福利，亦可以提高諸友邦之生活水準，則庶幾可以達成我國善鄰外交之任務矣，

朝野上下共其勉旃。〔註2131〕

6月15日，胡先驌致韓安信函。

　　竹坪所長吾兄惠鑒：

　　　　《中國森林樹木圖誌》卷二已製好大部分，說明亦在排印，本
月底下月初可以全部引就。第三冊所需之紙墨，已照北平六月十二
日市價開具預算，但連日物價直線上升，恐款領下時，物價又將翔
漲甚多。故在敝所方面，不願得款，而願貴所在滬購買所需各物，
運平應用，務乞設法辦到，以免貽誤。第三冊本擬包括栗、山毛櫸、
錐栗、Castanea、Lithocarpus、Castanopsis 六屬，但近日發現錐栗屬
十餘新種，故山毛櫸栗與錐栗三屬超過八十種，若將 Pasania 八十四
種及 Lithocarpus 六種 Cyclobalanopsis 一種加入，則全書將超過一百
七十種，未免太大，而紙墨費恐貴所亦難擔任也。

　　　　專此即頌

臺綏

　　　　　　　　　　　　　　　　　　　　弟　胡先驌　拜啟

　　　　　　　　　　　　　　　　　六月十五日（1948 年）〔註2132〕

6月19日，翁文灝、杭立武致資源委員會信函。

　　　水杉保存委員會成立之後，正副會長翁文灝、杭立武於 6 月 19
日向資源委員會申請經費，其云：查本會第一次委員會議討論事項
第六案，「本會經費如何籌措案」，當經議決，「由參加各機關團體各
先認繳國幣五千萬元，另資源委員會補助國幣一千萬元」等語記錄
在卷。茲以工作亟待推進，需款迫切，用特錄案函達，即請查照撥
付，以利進行為荷。〔註2133〕

6月22日，胡先驌談推薦當中央大學校長內幕。

　　　我雖然不肯到重慶去，然對於重慶方面傳來說……要我去做美
國訪問團副團長，或做中央大學的校長等消息，我還是關心的。但

〔註2131〕《胡先驌全集》（初稿）第十五卷人文科學文章，第 579〜582 頁。
〔註2132〕《胡先驌全集》（初稿）第十七卷下中文書信卷，第 476 頁。
〔註2133〕胡宗剛著《鄭萬鈞與中國水杉保存委員會》，公眾號註冊名稱「近世植物學
　　　　史」，2022 年 09 月 09 日。

我還是要維持我的清高的學者身份，要我到重慶去鑽營，我是不去的。如果政府自動與我以一個高的位置，我是肯考慮的。〔註2134〕

6月25日，陳果夫推薦胡先驌出任中央大學校長。

總裁鈞鑒：此次中央大學吳校長辭職，教部暫派周鴻經代攝校務。頃胡先驌同志表示，中大教授及校友頗欲其出任此職，渠雖深感此時辦學艱阻倍多，責任綦重，惟中大為舊遊之地，校友多屬故交，倘於當前困難環境中，對整頓學風有所裨助，則亦亟願勉任其難云云。先驌同志學歷資望並優，與中大淵源亦較深切，擔任校長一職，似屬適宜。理合據情轉呈，仰祈俯賜考慮是禱。

專肅，敬叩崇安

職　陳果夫　謹上

六月廿五日〔註2135〕

【箋注】

胡先驌屬現代知識分子，以學術為立身之本，對政府則持批評態度，期望政治清明，社會公平，人民安康。所以與政府官員交往則是採取合作方式，以自己識見影響政府，改良政策；也希望自己學術事業得到政府支持，從而發揚壯大。胡先驌與陳果夫交往在抗戰之前，1932年胡先驌在東南大學學生羅實時任江蘇省政府秘書，江蘇省主席為陳果夫。羅實時向陳果夫推薦胡先驌。胡先驌特自北平下鎮江晉見，陳果夫往胡先驌下榻飯店與之相晤。胡先驌暢談對國家之教育、科學、文化諸多問題之見解，甚得陳果夫賞識，認為對國家建設甚為重要，乃引領胡先驌一同去南京拜見蔣介石。此後，胡先驌與江西省主席熊式輝也建立關係，為江西策劃成立集農業管理、農業教育、農業研究於一體之江西省農業院，推薦著名農業經濟學家董時進來江西任院長；且與江西省農業院合作，創建廬山森林植物園。其後，熊式輝為推行蔣介石軍政思想，在抗戰期間省會泰和設立中正大學，胡先驌得到各方認可被任命為首任校長。胡先驌將大學校長依然看作學術範圍內事務，教育一直是其關注領域，且可為鄉梓服務，故樂於接受。當然大學校長與政治則緊密得多，此則是其始初沒有細思者。在主持校政之後，蔣介石之子蔣經國在江西贛州搞新生活運動，有一項計劃在贛州開辦從幼兒園

〔註2134〕胡先驌著《對於我的舊思想的再檢討》，1952年8月18日。《胡先驌全集》（初稿）第十五卷人文科學文章，第641～646頁。

〔註2135〕胡宗剛著《陳果夫推薦胡先驌出任中央大學校長》，公眾號註冊名稱「近世植物學史」，2022年04月28日。

到大學之教育體系，意將泰和之中正大學遷移至贛州，當其與胡先驌表明此意時，胡先驌只同意在贛州辦分校，而不願遷校。如是，引起蔣經國不悅，向其父進讒言，故蔣介石向熊式輝下手諭，胡先驌不得不辭去校長職務。中正大學為國立大學，係江西省與教育部合辦。胡先驌辭職，並不為教育部長陳立夫贊同，但陳立夫也只能私下說：「伺候一個人已經夠了，難道還要伺候人家的兒子嗎！」，但並不能阻擋胡先驌辭職。校長三年半，被迫辭職，乃其人生失意之事。自言未能在首屆畢業生畢業證書上簽名，甚為遺憾。陳立夫也在為其謀得新職務，但胡先驌已經心灰意冷，而是在撰寫《中華民族之改造》，從理論上探索民族國家問題。但其還是關心重慶方面的消息。1952年，已是星轉斗移，他說：我雖然被蔣經國逼迫辭職，雖然不滿意於蔣介石黑暗的統治，但始終不肯站到人民這邊來，與這反動的政權作鬥爭。我雖然不肯到重慶去，然對於重慶方面傳來說反動政府要我去做美國訪問團副團長，或做中央大學的校長等消息，我還是關心的。但我還是要維持我的清高的學者身份，要我到重慶去鑽營，我是不去的。如果政府自動與我以一個高的位置，我是肯考慮的。我在永豐寫我的《中國之改造》，一方面是炫耀我的博學，一方面也是替反動政府劃策。過去是零星的發表文章，這時是寫一本有系統的著作，我發表我的政見，以求獲得反動政府的採納。

　　或者此種心態，一直縈繞著胡先驌。抗戰勝利之後，在復員靜生生物調查所之時，當陳果夫與胡先驌交談時，依然如此，即有陳果夫呈函蔣介石，推薦胡先驌出任中央大學校長。其函云。

　　此函寫於1948年，轉瞬間蔣介石敗走大陸，陳果夫所呈當無結果。今由茲函可以獲悉，胡先驌與政府要員一直保持良好之交誼，除陳果夫、陳立夫兄弟外，與朱家驊、翁文灝、胡適、杭立武等皆如是。（胡宗剛著）

　　6月30日，胡先驌致蔣英信函。

　　　菊川仁弟惠鑒：

　　　　六月廿二日手書備悉，桂林生活安閒，正好從事研究。此間物價超昇，生活迫人，有朝不保夕之勢。政府正在設法管制，不知能收效否？南京已成立一水杉保存委員會，由教育、農林、內政三部及中央博物館、中央研究院、靜所六機關合組而成。鄭萬鈞七月廿日以後，即赴川南、鄂西考察採集；華敬燦在利川、恩施交界處發現臺灣杉十餘株，高至四十公尺，此發現之重要僅次於水杉之發現，萬鈞此去亦正去研究此樹，以確定與滇臺兩地所產為同種或異種也。

　　陳師紀念事，未見進行，殊為可惜。張雲重長中大，與陳師紀念事有妨害否？此事宜促陳師積極進行，庶不負各友好之盛意，萬一遷延時間已過，反為不妙，尊意想以為然。

　　此間同人均安好，研究與印刷各事進行均順利，教部允擔任靜所人員全部薪津，如此則經濟穩定，可以專心從事研究矣。

　　專此即頌

研祺

　　　　　　　　　　　　　　　　　　驌　拜啟

　　　　　　　　　　六月卅日（1948 年）〔註2136〕

夏，鄭萬鈞等前往四川萬縣謀道溪考察水杉。

　　鄭萬鈞於 1948 年夏曾有往水杉產地考察之經歷，所用經費其自云來自錢耐之匯款：「1948 年夏，錢耐匯來四百美元，補助我去水杉產區研究水杉之用，並代為採集植物標本。我接受了這事，於 7 月與華敬燦、曲仲湘一同往萬縣謀道溪，於 8 月下旬回到南京，華敬燦留利川採集到 11 月才回寧，一共採得 1400 餘號。2900 多份植物標本送梅爾及錢耐。」〔註2137〕

國立中正大學第五屆畢業同學紀念錄

〔註2136〕　胡宗剛撰《胡先驌先生年譜長編》，江西教育出版社，2008 年 2 月版，第 483
　　　　　～484 頁。
〔註2137〕　胡宗剛著《鄭萬鈞與中國水杉保存委員會》，公眾號註冊名稱「近世植物學
　　　　　史」，2022 年 09 月 09 日。

7月3日，胡先驌致蔣英信函。

菊川仁弟惠鑒：

六月廿三、廿四兩手書及陳師小傳均已收到，當抽暇作一英文小傳。紀念會最好能在下學年開始之時。驌九月十五到南京開中研院院士會，會後赴南昌、廬山一行，即可順便來穗住一星期，舉行紀念會兼講學共一星期之久，若在正月舉行紀念會，驌恐難抽身，且寒冬冷雪旅行不便也。現在張雲任校長，請驌講學事彼願意否？驌私人當然不能自出旅費也，此事請與陳師謀之。屆時吾弟請假來穗一行，想無問題。啟事即可印發，至如何積極募集基金，似應由吳印禪、侯寬昭諸先生努力，紀念刊不妨後印，或借用基金印刷均可。

最近在雲南東南部發現木蘭科一奇異新屬，葉革質三裂，花雌雄異株，心皮基部連合，熟心皮，漿果狀，不開裂，二室，有四種子，無長種子柄。此樹驌名之為 Woonyoungiodendron acerifolium 文寫好後，即可在紀念刊發表。惜花瓣已脫落，種子未成熟耳。此標本如來穗時，將來採到成熟種子亦將以奉贈也。鄭於費七月二十日後，即往川南與鄂西研究水杉，今年盼能採到新發現之臺灣杉之種子、採到當以奉贈，弟恐在廣州不能生長耳。

專此

研安

驌 拜啟

七月三日（1948 年）〔註2138〕

7月3日，《與翁院長一封公開信》文章在《華北日報》發表。同年 8 月 13 日轉載於《大眾新聞》（第 1 卷第 4 期，第 22 頁）。摘錄如下：

詠霓院長吾兄勛鑒：

此次吾兄以一科學家出任行憲政府首任行政院長，在我國歷史上可謂開一新紀元，朝野上下莫不寄以極大之期望，以為以吾兄過去治學治事之成績與經驗，必能克服當前之困難，以樹立嶄新之政治風紀，在經濟上為徹底之改革，裨能盡速完成戡亂建國之任務。

〔註2138〕 胡宗剛撰《胡先驌先生年譜長編》，江西教育出版社，2008 年 2 月版，第 487 頁。

然新閣成立未久，即遭「共匪」攻陷開封之重大軍事失敗，與京滬平津物價之瘋狂上漲，雖軍事失敗之責任不在行政院長，然物價之未能控制，則殊與新閣之信譽以一重大打擊。竊以為新閣必須在最短之時間內完成數項重大之政治改革，庶能挽回今日之危機。否則經濟崩潰，政治紊亂之悲局，將不可免，則受犧牲者，不僅為兄之個人，國家亦將不能免崩潰之慘禍矣。

在今日之局勢下，經濟危機為軍事失利與政治腐化之主因。經濟無改革之方，戡亂必不能成功，政治亦難言改革，故經濟戡亂遠在於軍事戡亂。欲達經濟戡亂之目的，則在今年之內必須完成三件重要之經濟改革，願以芻蕘之言以供賢者之採擇焉。

經濟改革之第一要件，厥為改革幣制。今日物價之狂漲，物資缺乏、交通阻隔、軍費浩大、難民眾多、準備不足，皆其主因。然究以通貨過分膨脹，致人民對貨幣缺乏信任，為主因中之主因。幣制一日不能改革，則物價將一日賡續上漲，投機囤積之風一日不能遏止，惡性循環將日勝一日，人民、兵士與公教人員之生活將益趨苦境，軍心解體，政風日壞，雖無匪亂，亦將有民變。故幣制改革在今日絕不容緩。若謂準備不充，現時之財政或不勝幣制改革之負荷，實未嘗無應付之方。據財部次長徐柏園宣稱，將來之新幣為銀幣，重四錢，每四元合美元一圓。據經濟學家之估計，只須有價值三億美元之白銀鑄成新幣，即可收回全部法幣。政府現有之白銀準備當不止此，且民間所藏之舊銀幣尚多，今已公開買賣。若明令宣布可以折合新幣，自行流通，則不啻替政府增加巨額硬幣。硬幣既多，紙幣之信用自能維持。且新幣含銀四錢，其幣值僅及戰前幣值一半有餘，是新幣使用之後，公務人員與士兵之待遇亦僅及戰前之半數。換言之，即政府之歲出，至少在員工與士兵薪餉上，只有戰前之半數，政府之擔負不得謂不輕。然即如此，公教人員與士兵之生活已可大為改善。再加以美援之物質源源而來，物價自將降落，經濟可以穩定。至若明年美國共和黨執政，我國將可得更多之美援，則可進而大規模從事各種建設事業矣。

經濟改革之第二要件，厥為徵收財產稅。在十年浩劫之中，豪門奸商發國難財，貪官污吏發接收財，而租稅之擔負則落於一般市

民與農民身上，而兵士與公教人員薪餉之微薄，亦為間接受富人之剝削。幾何不人人蹙額，有與汝偕亡之憤，軍心解體此實主因。故徵收財產稅與動用國人在海外之存金，不但足以裕國庫，且為平民憤、收人心、振士氣之長策。今幸立法院已通過徵收財產稅之條例，而執行此稅，使之毋縱毋漏，則為行政院之責。不得以技術困難為推諉之藉口，尤不得包庇豪門，使之逃稅。新閣之信譽惟此是賴。本年內能完成此項工作，則預算可以平衡，而政府亦能見諒於國人矣。

經濟改革之第三要件，厥為訂立土地改革方案。土地改革為「共匪」之政治資本，亦為孫中山先生之民生主義主要之政策。今「共匪」所宣傳之政策已較為溫和，若政府能訂立進步之土地政策，則彼將無所藉口，且山西、河北、廣西諸省地方政府已訂單行之土地法，則中央政府尤宜盡速訂立全國性之土地法。只有收復區施行土地改革，殊不足以維繫人心，僅行二五減租尤不足以服眾。根絕不耕之地主，殊為必要，故發行土地公債以收地主之土地，而分給自耕農，實為當前必要之改革。此宜令地政部從速擬定法規交立法院，經過立法程序而公布。若能在本年內完成土地改革，則「共匪」已失去其叛亂之藉口，戡亂將只屬於軍事性質矣。

經濟改革之外，尚須完成一種重要之政治改革，即提高縣長之地位，與鼓勵人才下鄉是也。基層政治為國家命脈之所繫，亦即人民幸福之所繫。昔唐太宗一日更易八百縣令，因能成貞觀之盛治。即在清代縣令地位亦甚尊重。然自抗戰以來，縣令任重位輕而俸薄，使人人以出長縣政為畏途，惟志在貪污者始肯為縣長。縣級佐治人員，尤為人所輕視，如此則基層政治安得不壞。為今之計，可裁撤行政督察專員一職，使地方官吏恢復兩級制，而提高縣長之地位，大縣縣長定為簡任，大縣佐治人員定為薦任，庶可使都市中額餘之簡薦任官吏出任新民之官。地位既尊，優俸又可以養廉，則人亦樂於從事縣政，基層政治自當改觀矣。

竊以為以上列舉之經濟改革，乃急如星火，刻不容緩者。故不惜為出位之言，以為芻蕘之獻。如蒙採納，必可收旋乾扭坤之效。至於如何利用美援，促進工礦事業，則正賢者所優為，固無庸驌之

喋喋也。〔註 2139〕

7 月 3 日上午，中國水杉保存委員會第二次會議重點討論事項：一、擬組織調查團赴川南鄂西進行考察、採集及研究工作案；二、擬請各科學機關及科學家分任水杉及其有關植物之研究工作案；三、籌設川鄂水杉保護區案等事項。

中國水杉保存委員會第二次會議記錄

時間：1948 年 7 月 3 日上午 9 時

地點：南京中央博物院

出席者：翁文灝（杭立武代）、杭立武、龐德、姚筱珊、鄭萬鈞（李毅德代）、韓安、李毅德。

主席：翁文灝（杭代）

記錄：孫愷

（一）開會如儀

（二）報告事項

甲、主席報告（略）

乙、秘書報告會務（略）

（三）討論事項

一、擬組織調查團赴川南鄂西進行考察、採集及研究工作案

議決：由保存、繁殖、研究三組各派一人合組調查團，並呈請行政院轉川鄂兩省政府通過。

附原案由及辦法：

（案由）本會保存、繁殖及研究三組各為發展業務，起乙共同需求，派員赴南鄂西進行考察、採集及研究工作，並擬與當地有關方面洽商具體方案以利進行，如克妥，為配備計劃則必可獲預期效果，本會大部分業務之基礎從早奠定。

（辦法）考察人員由繁殖研究兩組調派三人，保存組遣派二人，共五人合組調查團，各團員之任務，由三組長會同本會秘書擬定，藉收分工合作之效，各團員以借調為原則，不另支薪其旅費，由本會籌措調查報告，非經本會同意各團員不得單獨發表。

〔註 2139〕 胡宗剛撰《胡先驌先生年譜長編》，江西教育出版社，2008 年 2 月版，第 484～487 頁。

二、擬請各科學機關及科學家分任水杉及其有關植物之研究工作案

議決：原則通過，俟經費有著落時再決定進行。

附原案由及辦法：

（案由）據本委員兼研究組長胡先驌先生在其研究計劃內稱：「水杉研究之範圍既廣，則必須邀請各科學機關與科學家合作為綜合之研究」，並提舉各適當科學機關分別擔任各項工作，（詳見本案辦法）

（辦法）除與國外研究機構取得密切聯繫外，在國內擬請次列機關擔任水杉及其有關植物之各項研究：

1. 形態與解剖研究：中央研究院植物研究所。

2. 細胞研究：擬邀請一細胞專家擔任之。

3. 生態研究：（1）中央大學森林系；（2）中央林業實驗所；（3）廬山森林植物園。

4. 古植物學研究：（1）中央研究院地質研究所；（2）地質調查所。

5. 木材利用研究：（1）中央大學森林系；（2）中央林業實驗所。

6. 造林研究：（1）中央大學森林系；（2）中央林業實驗所；（3）廬山森林植物園。

三、籌設川鄂水杉保護區案

議決：原則通過。具體辦法俟調查團實地考察並與川鄂兩省政府洽妥後再提會商討。

附原案由及辦法：

（案由）查水杉，雖經在川鄂邊境發現，但為數極少（以現時所知，僅餘百餘株），且鄉民日事砍伐，長此以往，不加保護，則此品恐將絕跡於世，殊為可惜，本會首要業務，即為迅謀設法保護此項僅存之水杉，以免失此良機而致追悔莫及，至如繁殖及研究等項工作，亦必需依據此保存水杉工作始可入手。

（辦法）由本會會商有關機構（如國立中央大學森林系、中央林業實驗所及所在地之省政府），在現存水杉生產處擇設保護區，至該區之範圍大小，及其組織若何，均授權予今夏赴川鄂之水杉調查

團就地洽商、擬定方案,送本會公決,惟次列原則,可為預定:

(一)保護區工作人員薪俸,由參加之政府機構擔負其事業及旅費,於事先開列預算,由會籌措。

(二)本保護區由本會三組合議指揮,以便保存、繁殖及一部分實地研究工作可以同時展開。

四、經費如何籌措案

議決:組織調查籌設保護區及其他事業等項經費,暫定國幣五十億元,半數向行政院呈請撥發,半數由本會參加機關及熱心人士募集,並接受龐德教授所提向國外募集事業費美金二萬五千元之建議。

附原案由:

(案由)(一)查本會臨時經費,前於第一次會議決定,由參加各機關團體各先認繳五千萬元,另由資源委員會輔助國幣一千萬元,業由會議案分別函請撥付在卷,惟時隔多日,除教育部、中央博物院已如數撥助外,其他各單位迄未准將經費繳送,茲以工作及(著者注:亟)待推展,需款迫切,擬請由未付款之單位代表請原代表機關迅予照案撥付,以利進行。

(二)組織調查團及籌設川鄂保護區等工作須籌有的款方進行該項經費,究應如何籌措,敬請公決。

五、請川鄂省政府參加本會工作以利進行案

議決:函聘川鄂兩省政府代表為本會委員,參加工作,以利進行。

附原案由:

(案由)查現存水杉係生產於川鄂兩省,本會今後各項業務之推展,有賴於各該地政府機關協助之處,至多及應取得密切聯繫,以利工作進行,擬分別函聘為本會委員,可否之,敬請公決。

六、請追認員工津貼案

議決:准予追認,並決定每月在國幣一千萬元以內,由秘書全權處理。

附原案由:

(案由)本會創立伊始,工作繁劇,服務員工(均係借用,本會不給薪)極為辛勞,均已酌予津貼,以資鼓勵,請予追認。

七、臨時動議

（一）美國內政部部長及內政公園管理局局長電賀本會成立
擬致函申謝案

決議：通過。〔註2140〕

7月10日，胡先驌致任鴻雋信函。

叔永吾兄惠鑒：

六月份增補之二千五百萬已收到，教育部撥款事尚無消息，故仍將照以前辦法草擬同人半年薪津預算，請於十五日以前匯出。若月底以前教部款撥到，此款即可作辦公費用。又《森林植物誌》前已因添購紙張，請款一億二，今又因在雲南蒐來新標本中發現數新種，須繪圖立說，加入此書，以成完璧。而《彙報》又須封面紙，共須款一億，已將廬山植物園基金扯作此用。星期一作好預算寄上後，即請撥匯。此書共印二百本，靜所與中林所各分一百本，每部定價連郵費二十美金。已託美國 Walker 博士接洽，希望在美國出賣六十本，在歐洲出賣三十餘本，亦可得美金七百餘元（預算八折，連扣郵費，故作此數）也。此次在雲南新寄來標本中又發現木蘭科一極珍奇之新屬，其餘新種尤多，幾乎應接不暇。此生活艱困萬分之時，反有此點可以自慰耳。兩年來弟之薪津均由會中以三個月應得之數，在月初一次發給，今物價日日上漲，故請照政府規定辦法，將七、八、九三個月薪津一次匯下為感。現在基金中美金連中基會補助者尚兌存若干，請便中示知為感。

專此敬頌

署祺

弟　先驌

七月十日（1948年）〔註2141〕

7月16日，任鴻雋致胡先驌信函。

〔註2140〕 吳德成主編《利川水杉》，政協利川市委員會，利川市林業局編輯，恩施州獻華印務有限公司 2009 年 12 月版，第 415～420 頁。

〔註2141〕 胡宗剛撰《胡先驌先生年譜長編》，江西教育出版社，2008 年 2 月版，第 488 頁。

弟昨日在京出席一會議，因與杭立武兄商洽，在行政院未將靜
所預算核定以前，暫由教育部墊撥。七月以後靜所薪津渠允考慮，
現正由本會備織與教部接洽中。若能辦到，則兄等生活費可提早解
決矣。蔡希陶君織中所言之 CRM，此間聞已結束，此後是否由美國
援華機關接續辦理，不可得知，即向農林部說明，亦無所用，暫作
觀望可耳。尊作致翁文灝之公開信，已於此間《大公報》上讀過，
建議雖切實，其如不能實行何。蔡君原織奉還。

七月十六日（1948 年）〔註2142〕

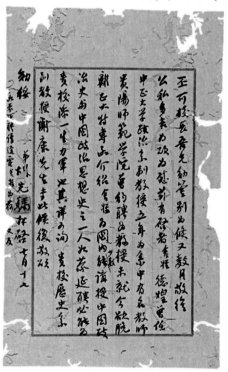

胡先驌致莊長恭信札，推薦胡德煌到臺灣大學政治系任教

7 月 17 日，胡先驌致莊長恭信函。

丕可校長吾兄勳鑒：

別為倏又數月，敬惟公私多吉，為頌為慰。茲有啟者：舍侄德
煌任中正大學政治系副教授五年，為系中有名教師，貴陽師範學院
曾約聘為教授未就，今欲脫離正大，特專函介紹。舍侄為國內少數

〔註2142〕胡宗剛撰《胡先驌先生年譜長編》，江西教育出版社，2008 年 2 月版，第 489
頁。

能講授中國政治史與中國政治思想史之一人，如蒙延聘，必能為貴校添一生力軍也。其詳可詢貴校歷史系副教授謝康先生。

　　專此候復，敬頌

勳綏

　　　　　　　　　　弟　胡先驌　拜啟　七月十七日（1948 年）

如蒙延聘，請徑電舍任為荷。又及。〔註2143〕

【箋注】

　　莊長恭（1894～1962），字丕可，福建泉州人。有機化學家和教育家，中國甾體化學的先驅者和有機微量分析的奠基人。1924 年獲得美國芝加哥大學博士學位後回國，先在武漢大學停留，隨後到東北大學化學系任教授兼系主任；1931 年赴德國哥丁根大學的慕尼黑大學研究有機化學；1934 年回國歷任中央大學理學院院長、中央研究院化學研究所所長；1948 年當選為中央研究院院士，同年擔任臺灣大學校長；1949 年後任中國科學院有機化學研究所所長、研究員；1955 年被選聘為中國科學院學部委員。

　　7 月 19 日，胡先驌致任鴻雋信函。

　　叔永吾兄惠鑒：

　　　　手書敬悉，如教部能墊發七月份以後經費，則對靜所大有裨益。盧園現每月虧一億元，賴賣種子所得美金彌補，若得教部經費，即可增加盧園經費也。美國補助採集經費，須七月後始能寄到，此款將大部分用以修繕房屋。昆明淫雨累月，許多煙場皆受水災，但滇所煙場在山坡上，故損失極微，亦幸事也。

　　專此即頌

暑祺

　　　　　　　　　　　　　　　弟　先驌

　　　　　　　　　　七月十九日（1948 年）

　　北平圖書館方面又稱該館掉換靜所房屋，由胡適之洽辦，已有八成把握，究竟內幕經過如何，是否以南長街中基會舊址交換，便乞示知為荷，又及。〔註2144〕

〔註2143〕　胡啟鵬輯釋《胡先驌墨蹟選》（初稿），2022 年 2 月，第 98～99 頁。《胡先驌全集》（初稿）第十七卷下中文書信卷，第 486 頁。

〔註2144〕　胡宗剛撰《胡先驌先生年譜長編》，江西教育出版社，2008 年 2 月版，第 489 頁。

《如何挽救當前之高等教育危機》文章

7月20日，《如何挽救當前之高等教育危機》文章在獨立時論社編《獨立時論集》（第1集，第81～82頁）發表。摘錄如下：

> 邇來各地爆發之學潮，一方面固由於一般大學生對於國內政治之不滿，一方面亦由於不滿於學校內部之情形。各校風潮之發生多起於各校個別之問題，如遷校、改大、增加公費、反對校長等等。以此為誘因而逐漸綜合成一有政治性的大規模學生運動。思想「左」傾之學生之煽動固有助於風潮之擴大，然大體說來，此次風潮仍不得不謂為出於自發。蓋青年人心中不滿於校內校外之煩悶，積之已久，一遇誘因即爆發不能自己，一如細菌所引致之自然燃燒現象也。此次學潮以當局防範疏導之有方，尚未釀成重大之慘劇，殊屬萬幸。然前事之不忘，乃後事之師。教育當局亟宜盡速補救今日高等教育之缺陷，庶不至犧牲青年人寶貴之光陰，而使身受高等教育之學子確能成為有用之建國人才也。
>
> 今日之高等教育在量的方面，遠較戰前為發達。在質的方面，則較戰前相去遠甚。推究其原因，厥有二端。一為中等學校之退化，

以致高中畢業生素質遠不如前。文史等學科教學不佳,遂使大學文法各科之水準低落。數學理化等學科之教學不佳,遂使大學理工農醫各科之水準低落。一為政府對於大學及專科學校學生粗製濫造之政策。在戰時各國多有停辦其大學者,而在我國反於戰時添辦多所大學與專科學校。不問其是否有充分之經費與圖書設備,是否有適當之師資,但求覓得簡陋之校舍,聘得若干教授,即無圖書設備,亦可開學招生。一方面固由於在抗戰時期需要受有高等教育之人才急需,一方面亦由於政府求有以儘量安插求學之青年,以免青年為共產黨所吸收,故添設學校之外且供給貧寒學生以公糧與公費。教育部長曾公開宣布其重量不重質的政策,此種政策在戰時自有其效用。但在戰爭已勝利結束,復員將及年餘之今日,則對於國內高等教育有徹底整頓之必要,否則不能恢復戰前之標準。其不能滿足學生之需求,教育青年等於貽誤青年,則學潮尚有繼續發生之可能,高等教育將有破產之危機,行且將引起政治上之危機焉。

今日高等教育之癥結首在經費之不足,一切其他問題皆由此發生。今日全國之教育經費不及國家總預算百分之五,高等教育經費之少可想而知。故全國各大學及專門學校經費異常窘迫。規模較小之大學無論矣。即有名之大學如北大、清華、中央、浙大、交大等,亦以經費奇窘,不但不能添購圖書設備,即煤電水工資等經常費用亦難於開支,各教授欲從事任何科學研究自更無希望。而曾遭敵軍所蹂躪之大學如清華、南開、中山、東北、廣西等,其圖書儀器十九蕩然無存,購買補充皆無經費;即使有經費政府又不給與外匯,故亦等於畫餅充饑。於是學生無圖書儀器可用,教授不能從事研究。無怪任何大學皆為悲觀氣氛所籠罩。而教學等於例行之公事,學業之退化不問可知。然軍費則龐大至可驚之數,即政府補貼公用機關之經費亦每月達數百億之巨。獨教育經費乃十分竭蹶。政府須知在今日整個之國策中,高等教育之改進實為最重要之事。新憲法既已規定教育經費占總預算百分之十五,而在明年必須實行。則在本年下半年追加預算之時,高等教育經費,自宜大為增加,庶使各大學自下學年起可以積極改進,亦以一新全國各大學師生之耳目,而使全國智識階級,對於政府獎勵學術力求進步之心,增加信仰。雖或

因此略為增加政府之赤字預算，然此等犧牲寧所忍受。此事須政府認為整個國家之要務，亦如籌措軍費之重要，而不可認為乃教育部一部之事也。

經費之外尚有數項重要問題。第一為教授之待遇問題。此與高等教育之良窳息息相關，而不容漠視者。今日公教人員之待遇至為菲薄，故使大學教授不安於位。而政府與經建機關又與大學爭奪人才。今日之趨勢，習政法之人才，每每喜服官於中央機關，習經濟者則趨向銀行界，習工程者則入交通界與工廠。故法學院與工學院最難聘得良好教授。雖大學教授有研究費，然較之銀行、工廠、交通等機關之津貼則相距頗遠。尤以復員後各教授皆喜集中於京、滬、平、津等地，遂使內地各大學不易聘得良好教授而有破產之虞。竊謂補救之道，在提高教授之待遇，使之能安心教學，尤宜獎勵教授往內地各大學講學。最好將國內各大學之教授待遇劃為一律，加成與生活津貼不分等級，則願意犧牲京、滬、平、津一帶現代生活而往內地各大學講學之教授，可得較優裕之生活，而內地各大學亦可獲得良好之師資。再則教育部本有若干部聘教授，按規章教部本可指調往某某大學主講，但此規章並未見實施。為充實內地高等教育計，教育部宜使用此等權力。此在今日辦理高等教育，實為一重要政策也。

第二為大學校長人選問題。大學校長之地位本極尊嚴，在歐美各國均以名流碩學充之。如美國哥侖比亞大學聘艾森豪威爾元帥為校長，即其一例。而在中國過去亦極重視大學校長之人選。過去無論矣。自民國建立以來，北京大學校長先後為嚴幾道、馬相伯、蔡子民所充任。以校長為一時之人望，故能增加大學之尊嚴，有名之學者亦易禮致。而在今日則不然。除少數大學校長確為碩學通儒外，在學術界無赫赫名者，亦頗不乏其人。故既不能號召優良教授，亦不能領導學生。如某某等大學，自易長後，便日趨於退化，即其明證。然在中國今日社會上尚不乏名流可以為大學之祭酒。若政府有意改進高等教育，宜禮聘此等名賢出長大學，則對於高等教育必可發生重大之影響。萬不可視大學校長為一尋常之簡任官，或為教育部長之下屬，可以隨意進退；尤不可以為任何大學教授皆可任為大

學校長，俾無聲譽之人主持最高學府。則庶幾大學校長得人，而大學教育亦可隨之改進，教授學生均有所仰望，自亦不致有群龍無首之感也。

第三不可以任何方式利用學生。青年學生大體皆心地純潔，主要之目的為求學。若校長得人，學校有良好教授與充分之圖書設備，學生自能安心向學，不至因不滿於學校而煩悶而醞釀風潮，雖有思想不正行為不端之學生亦難挑撥煽動。決不可以秘密方式組織學生以為黨派之工具。政府及學校當局苟能堂堂正正領導學生，學生自甘受其正義之領導。若以秘密方式組訓學生，一時或能達到某種之目的，然已背教育之原則，不特貽害青年，亦以招致青年之反感，殊屬得不償失，此亦今日辦理高等教育所應特加注意者也。

以上所陳，乃今日改進高等教育之急務。政府與教部應有積極之方針，不可但求敷衍目前，希冀苟安。須知在抗戰期中，學校圖書設備無論如何苟簡，師資無論如何缺乏，學生皆可忍受。但在勝利幾及兩年之後，高等教育尚無改進之希望，學生之不滿與鬧風潮，自為不可避免之事。而政府輕視高等教育與浪費學生之光陰，則尤為不可恕之罪惡。今本學年已結束，下學年轉瞬即將到來，此正政府檢討高等教育方針之時，幸勿再因循敷衍，以重蹈已失敗之覆轍也。〔註2145〕

7月22日，任鴻雋致胡先驌信函。

步曾吾兄：

十九日來示奉悉，廬園經費現賴賣種子所得美金彌補，自屬不得已之正當辦法。惟鄙意此種收支款項數目仍應報告於臨時基金會，以資接洽，而便籌劃。如此後生活費不成問題，所中事業費仍有待於臨時基金之籌劃也。又美國補助之採集費寄到後，仍只能以餘款作廬園修繕房屋之用。若全數移用，採集費即無所出，兄想已計及此矣。北平圖書館與靜所調換房屋事，即指用南長街房屋與現在靜所房屋交換而言。惟此事究竟進行至如何程度，有無實現可能，現

〔註2145〕 胡宗剛撰《胡先驌先生年譜長編》，江西教育出版社，2008年2月版，第434～437頁。

尚未得適之來信，無由知悉。若能成事實，當與靜所、平館詳議一切辦法也。兄之七、八、九三月薪津及研究費均已匯上，想照收矣。匆匆不盡。

　　即頌

研安

　　　　　　　　　　　　　　　　　　　　　　　弟　鴻雋

　　　　　　　　　　　　　　　　　卅七、七、二十二〔註2146〕

7月27日，任鴻雋致胡先驌信函。

　　步曾吾兄左右：

　　　　頃奉七月二十四日來示，附致司徒大使一函及令侄履歷一紙敬悉。Fulbright Bill 款項係美方就在合作國出售剩餘物資收入，撥出在我國則全屬法幣，故 American Foundation in China 最初著手之工作，即為接洽延聘美國學者及資助美國研究人員來華工作，而無法資助赴美工作之人員。一周前在京晤司徒大使，曾詢及此初步工作進行情形。據云美方答應來華人員多已辭謝不來，除我國時局動盪外，籌措來之美金路費，實為重大困難云云。是以吾兄理想中企圖，由該方獲得經濟援助，似無實現可能。鄙意此前對司徒大使之緘暫可不必交去，如兄另有指示，敬當如命辦理。至尊囑紹介令侄去臺大任教，今日已照兄意，致函莊丕可兄，俟有復到，即行奉報。渠對臺大人事布置頗費周折，間曾小有風潮，環境使然，實亦無可如何也。

　　專此奉復，順頌

昆安

　　　　　　　　　　　　　　　　　　　　　任鴻雋　敬啟

　　　　　　　　　　　　　　　　　卅七年七月二十七日

　　再者，在廬山植物園中弟所建山屋之殘骸，內人慫將其出售，以期略補家用，不知有辦法否？請下次來緘示知為感。弟又及。〔註2147〕

〔註2146〕胡宗剛撰《胡先驌先生年譜長編》，江西教育出版社，2008 年 2 月版，第489～490 頁。

〔註2147〕胡宗剛撰《胡先驌先生年譜長編》，江西教育出版社，2008 年 2 月版，第490～491 頁。

　　7月，美國加利福尼里亞科學院的格雷塞特博士和助手笛宥抵達中國，採集了534號植物標本。現存在哈佛大學植物標本館的2041號標本是其中的第一號水杉標本。

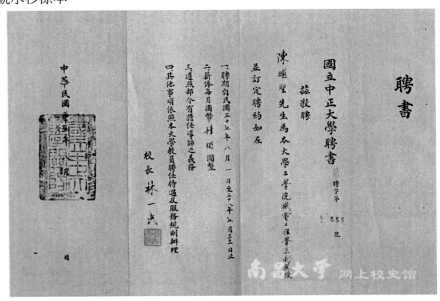

國立中正大學聘書

　　8月8日，《中美英應聯合領導東亞聯盟》文章在《世界日報》（第2版）發表。摘錄如下：

　　　　專論：必須以中國為盟主，訂立一類似馬歇爾援歐計劃，則不但東盟各國可以繁榮，共產主義可以遏止，即美國之經濟力量亦可大為增加，世界和平亦可以奠定。

　　　　年來，蘇聯積極在歐洲擴張，遂造成東歐之鐵幕，並且在希臘製造內亂，又威脅土耳其。又企圖在法國與意大利使共黨曖得政權。美國為抵制共產主義在近東與西歐之發展，乃以鉅款援助希土，又以的港歸還意大利，博得意人之信任，遂使意共在四月大選中慘敗，尤以馬歇爾援歐計劃之通過，得以鉅款以援助西歐各國以重建其經濟，於是，西北歐十六國乃得免於共產主義之威脅。最近六國合議之成功，使西德亦能得到美援。致蘇聯控制德國之企圖遭受重大之打擊，故在歐洲共產主義之擴張已遭受堅強之遏止，除非蘇聯敢向美國挑戰，否則東歐之鐵幕，將不能再向西伸延矣。

　　　　但以美國在東亞所執行之政策錯誤，遂使共產主義得在東亞肆

其猖獗。羅斯福總統在大戰之末期，為華萊士之危言所誤（華萊士在重慶時曾有電與羅斯福謂國民政府即將崩潰；若美國不即與朱毛接洽即將錯過機會），乃在雅爾達會議訂立犧牲中國利益之密約，致蘇聯得在美國已經向廣島投擲原子彈以後，向日本宣戰，佔領北韓，曖得南庫頁島與千島，同時在我國東北劫掠物資，接濟共黨，而國務卿馬歇爾來華強為調處國共之爭，致使「共匪」坐大，且以調處失敗，遷怒於國民政府，靳不借款，直至為輿論所迫，始貸與少量之借款。可謂年來中國政府軍事與經濟種種之危機，皆多少為美國國策錯誤所致也。

蘇聯趁美國忽視亞洲之際，不但在中國極力扶植「共匪」，且在東南亞大肆煽動，暹京曼已成共黨活動之大本營，馬來聯邦共黨暗殺恐怖之事件已層見迭出，共黨在印尼與安南之猖獗，久為世所周知，只有日本與南韓在美佔領軍控制之下，共黨無由得逞。共黨利用東南亞人民爭取國家獨立與疾視殖民地資本主義之情緒與人民生活之困苦，尤易達到其煽動之目的。美國政府現僅知若不扶植日本以恢復其經濟，則日本有被赤化之可能，而為美國之威脅。然苟東南亞完全為共黨所控制，則中國、日本、印度皆將受莫大之威脅，間接亦將威脅世界和平也。

故除在中國必須剿匪戡亂，撲滅共產主義外，中美英三國尤須聯合以遏制東南亞之赤化，則三國聯合領導組織如歐洲聯盟之東亞聯盟，實為迫切之需要。亞洲包括中國、印度、日本與東南亞諸邦，共有人口十萬萬，亦有雄厚之資源，但資源多未開發，人民生活水準僅及美國人民所享者十分之一。若將此龐大人口之生活水準提高五倍，即須增加世界資本之十倍，與消費品之十四倍，實為美國資本最宜利用之場所。若將此廣大區域工業化，開發其資源與改良其農業，則不但此區域之人民得以改良其生活，使之不趨向於共產主義，且將增加全世界人民之福利，而鞏固世界之和平。美國既負起遏止世界共產主義之責任，則必不可忽視此事也。

但東亞聯盟必須中國與美英聯合領導。在東亞以中國人口最多，資源最富；印度雖人口眾多，與中國相若，而工業化之程度反超過中國，但資源較少，人民之困苦遠在中國之上，而自與巴基斯坦分

裂為兩國後，國力更加削弱；日本有工業而缺乏資源；東南亞有資源而經濟與文化落後。故欲繁榮東亞，必須以中國為盟主。且中日兩國方經過八年慘烈之戰爭，人民間之猜疑仇恨猶未盡泯，故扶植日本必須得中國之同意與協助，在東南亞則中國僑民有強大之經濟力量，扶植東南亞諸邦，亦必須與中國合作。故希望美國政府與中英兩國協同領導東亞聯盟，訂立一類似馬歇爾援歐之援亞計劃，以巨額貸款貸與中國、日本、印度與東亞諸邦，以開發其資源，改良其農業與與建設其工業，則不但東亞各國可以繁榮，共產主義可以遏止，即美國之經濟力量亦可大為增加，世界和平亦可奠定矣。中美英三國當同其勉旃。〔註 2148〕

8月11日，胡先驌致任鴻雋信函。

叔永吾兄惠鑒：

頃奉八月九日手書，知中紡捐款已匯盧山，至以為慰。盧山林場與植物園無關，植物園已向美援機構中華救濟團請款，雲南農林植物所亦然（即前寄之英文件，茲再寄上），但均無呈文至農部，請吾兄即函左舜生，請爾玉成之為感。教部七月墊款令已成過去，八月想無問題，如七月能補發尤佳。將來此款係由部中直接匯平，抑由臨時中基會代領轉匯？乞示知。部款不知如何報銷，有配給否？均念。部款如撥放，則薪給之款，可以稍增，而盧山經費亦可稍增也。得陳封懷報告，該園園整理甚好，如能得美援，得以大規模造林及繼續整理苗圃，則佳事也。

專此即頌

署綏

弟 先驌

八月十一日（1948年）

兄之別墅殘骸，已函陳封懷估價，俟得復，再作處理。〔註 2149〕

8月13日，北平研究院第二次學術會議討論分組人員。

〔註 2148〕 《胡先驌全集》（初稿）第十五卷人文科學文章，第 604～605 頁。
〔註 2149〕 胡宗剛撰《胡先驌先生年譜長編》，江西教育出版社，2008年2月版，第 491～492 頁。

　　北平研究院第二次學術會議，關於會員名單的討論稿。稿最初將會員分為六組，分別為天算、理化、地學、歷史、社會科學、生物，繼而增加農工醫、文藝兩組，最後又將農工醫分為農學、工程、醫藥三組，這樣，學術會議由 10 組組成。……生物組初定李石曾、劉慎諤、張璽、朱洗、張景鉞、陳楨、李惠林、胡先驌、周太玄等 9 人；會議增加提名胡經甫、戴芳瀾、秉志、童第周、沈同 5 人；結果除李惠林和沈同，其他 12 人獲通過。〔註 2150〕

1948 年靜生生物調查所所長胡先驌編纂《中國森林樹木圖誌》第二冊，樺木科與榛科，靜生生物調查所、農林部中央林業實驗所出版

　　8 月，編纂《中國森林樹木圖誌・樺木科・榛科》（第二卷），共 298 頁，有 85 圖版，農林部中央林業實驗所、靜生生物調查所合印。著者認為：「中國森林樹木圖誌（TheSilvaofChina）第二冊，胡先驌教授所著。一九四八年靜生生物調查所與農林部中央林業實驗所出版。此書包括中國所產樺木科與榛科全部樹木的科屬種的中英文描寫與檢索表，有八十五圖版，為研究中國此兩科植物的權威著作。」〔註 2151〕該書封面，中間是書名：《中國森林樹木圖誌》（第二冊樺木科榛科）；左邊是靜生生物調查所、農林部林業實驗所印行，民國三十七年；右邊是靜生生物調查所所長胡先驌編纂。長 38.5 釐米，寬 26 釐米，厚 2 釐米，210 頁。內文有樺木科介紹，屬之檢索表，樺木屬介紹，種之

〔註 2150〕劉曉著《國立北平研究院簡史》，中國科學技術出版社 2014 年 11 月版，第 183 頁。

〔註 2151〕胡先驌著《植物分類學簡編》，高等教育出版社 1955 年 3 月版，第 423 頁。

檢索表。榛科介紹，屬之檢索表，榛屬介紹，種之檢索表。每種有中文介紹，英文和圖片，印製精美，圖片繪畫。

8月，《論勘亂動員建國委員會》文章在《正論》（第8期，第13頁）發表。摘錄如下：

在今日高唱裁員之時，戡亂動員建國委員會終於成立，此乃行憲以後一樁極不滿人意之事。報載七月十一日下午四時戡亂動員建國委員會在國民大會堂舉行第一次會議時，立法院院長孫科致詞，大意謂：「外間人士對於戡亂委員會批評甚壞，認為是政治性安插人事的機構，安插那些落選的立委監委，是個飽食終日無所用心的機構，戡亂委員會的經費雖然未列入總預算內，但已有一些立委主張撤銷這個機關，以節省國幣。他們的動機是好的，可是有點顧小失大，因為不先戡亂就不能行憲建國。希望大家努力工作有所表現，使外間的批評轉好。」孫氏又云：「戡委現在的數目是九百九十餘人，將來還要加聘到三四千人。」據悉戡委按簡任三級的待遇，與省委的待遇相等。於是在冠蓋如鯽的京華又平添數千冗從的簡任官，真乃第一任行憲政府之恥辱！

今日之政府早以「戡亂第一」、「建國第一」為號召，政府一切機構與官員，均為此一目標而努力。軍事戡亂有軍政部與全國統軍各將帥以及指揮數百萬大軍之軍官與地方團隊負責，政治經濟戡亂有行政院與地方政府各官吏負責，此外尚有數百立法委員負立法以戡亂之責任，數百監察委員負監察政府執行戡亂政務之責任。既有完整健全之龐大政府機構，戡亂建國應指日可待，何以又須聘數千簡任官另組織一戡亂動員建國之機構？一若無此機構則戡亂無望建國難期！果爾則現存之軍政機關尚有何用？何不潔身引退，讓此般有戡亂建國之賢才來執行戡亂建國之政務？此駢枝之機關究竟有何職責？其職責為設計的、立法的、執行的、抑監察的？其職責究竟為現在行政與立法機構所不克負荷之何部分？政府既決定設立此龐大機構，在首都聘任數千高級簡任官，對於其職責事先應有詳密之規定，何以立法院長竟云：「希望大家努力工作有所表現，使外間批評轉好」？此種語調對於此般戡委不啻一種侮辱，餓夫不食嗟來之食，今竟有數千落選之立委監委，願作飽食終日無所用心之簡任三

級嗟官，寧不哀哉？既然可任為高級簡任官，其人必有可任簡任官之資格，亦必可負相當重要之職務，政府對於此批戡委宜量才使用，而不必聘之為鮎飯之冗從官。吾以為另有消納之之道，特列舉如下：

（一）今日之縣長，位卑責重而俸薄，故賢者每薄而不為，然曾為特任或簡任官而任縣長者亦不乏其人，如唐紹儀之任中山縣長，梅思平之任江寧縣長，即其著例。吾以為大縣縣長應規定為簡任職，則數百至成千之戡委可使之為簡任縣長，而以其才能與行政經驗作實際之戡亂建國工作。

（二）縮小省區，久已認為行憲後之要政，省區若增加至一倍以上，則地方政府首長亦可增加數百人。

（三）今日內地各大學之師資頗為缺乏，尤以法學院為甚，戡委中可任高等學府之教授者，政府亦可代為介紹至各大學與學院主講席。

（四）現因戡亂政府在各地設有剿匪總司令部及綏靖公署，軍政趨於一元化，然因主官為軍人，其幹部每每缺乏政治經驗，政府盡可介紹此項戡委出任政工幕僚。諸如此類，三四千簡任官似尚不難安插，何必使之麇集首都無所事事，而不得施展其才能與政治經驗乎？柄國者其慎思之。〔註2152〕

8月，國立中正大學院系經過調整，學校有五學院，十八系：一、文學院下設中文系、外文系、歷史系；二、法學院下設政治系、經濟系、教育系、法律系；三、理學院下設數學系、物理系、化學系、植物系、動物系；四、工學院下設土木工程系、化學工程系、機電工程系；五、農學院下設農藝系、畜牧獸醫系、森林系。

8月，國立北平研究院學術會員、生物組十二位。

國立北平研究院學術會員錄，生物組12人，分別是：李石曾、朱洗、張璽、劉慎諤、陳楨、秉志、胡先驌、戴芳瀾、張景鉞、周太玄、胡經甫、童第周。〔註2153〕

〔註2152〕《胡先驌全集》（初稿）第十五卷人文科學文章，第599～600頁。

〔註2153〕劉曉著《國立北平研究院簡史》，中國科學技術出版社2014年11月版，第268頁。

1948 年 8 月，中央研究院院士同時當選北平研究院會員的有三十六位。

　　同時當選首屆中央研究院院士和北平研究院會員的有 36 人,他們是陳省身、李書華、嚴濟慈、吳有訓、葉企孫、饒毓泰、莊長恭、吳憲、曾昭掄、吳學周、陳楨、秉志、胡先驌、戴芳瀾、張景鉞、童第周、翁文灝、李四光、楊鍾健、竺可楨、湯佩松、俞大紱、侯德榜、林可勝、陳克恢、李宗恩、陳垣、陳寅恪、顧頡剛、董作賓、湯用彤、吳敬恒、張元濟、胡適、王寵惠、陶孟和。會員張雲、趙承嘏和胡經甫雖非院士，但都曾擔任過中央研究院評議會評議員。說明這些人的學術成就得到了不同學術機關的公認。同時，兩個名單也存在著顯著的差異。〔註 2154〕

9 月 8 日，胡先驌等參加世界社紀念會。

　　9 月 8 日世界社代理理事長李石曾在北平邀請學界人士，在中法大學舉行茶會，以紀念該會即將成立四十五週年，並舉辦小型展覽。到會者有北京大學校長胡適、北平研究院副院長李書華、靜生生物調查所所長胡先驌，及李宗恩、嚴濟慈、齊如山等共 200 多人，濟濟一堂，頗極一時之盛。《華北日報》於翌日刊載茶會召開新聞，並節錄在會上名流之發言，其中有胡先驌致詞：胡氏對世界社之貢獻極為讚揚，他說：在我讀書的時代，看見了世界社的《世界六十名人傳》後，深受其感動。當時該社提倡實學甚力，後來青年學子轉移文史興趣，轉學自然科學者，大多數係受該社介紹實學救國的影響。渠本人學植物學即為一例。

　　世界社主辦之刊物名為《新世界》，係大型週刊，1906 年開始出版，至 1910 年 5 月停刊。《近代世界六十名人傳》為該刊之增刊，出版在 1907 年。其時，這些書刊在知識界甚為風行，胡先驌殆在京師大學堂求學時，得以閱讀這些書刊，使其看見一絲科學之曙光，導致其選擇自然科學為治學方向，並作為職業。與胡先驌同代之青年才俊，不少選擇科學，其原由以胡先驌所言係受世界社之影響，應為事實。但在今日關於中國近代科學史著述中，幾乎沒有論及世

〔註 2154〕 劉曉著《國立北平研究院簡史》，中國科學技術出版社 2014 年 11 月版，第190 頁。

界社早期之貢獻，而被遺忘矣。〔註2155〕

9月8日，任鴻雋致胡先驌信函。

　　步曾吾兄左右：

　　　　本月三日、六日兩示均經奉到，敬悉一一。弟於昨日因事到京，
　　順便訪杭立武兄，詢問靜所經費情形。殊事有大出人意表者，據立
　　武雲，此事竟為行政院批駁。弟當即詢以在教部經費內能否設法？
　　並面謁駱先部長陳說，亦無辦法。若則所謂政府補助靜所之舉，又
　　成口惠，而實不至。此時只好暫由本會設法獨力維持矣。政府補助
　　費據朱杭二君言，仍可進行，俟月中到京開本會年會時，再與有關
　　當局接洽，看有轉機否？國事蜩螗，學術事業之不能邀當局重視如
　　此，我與兄有同慨也。一切俟大駕來滬面談。

　　　　專此即頌

　　撰安

　　　　　　　　　　　　　　　　　　　　　　　　弟　任鴻雋

　　　　　　　　　　　　　　　　　　　　丗七、九、八〔註2156〕

9月9日下午3時，北平研究院召開會議。

　　　　北平研究院在中南海懷仁堂召開學術會議第一次大會第一次會
　　議，李書華任主席，出席會員包括胡先驌、張璽、馬士修、張克忠、
　　戴松恩、袁復禮、陳楨、何基鴻、費孝通、陳垣、劉大悲、朱光潛、
　　李書華、黃國璋、嚴濟慈、劉仙洲、楊石先、李士林、李宗恩、李書
　　田、李石曾、魏建功、湯用彤、徐炳昶、劉慎諤、周發岐、顧毓珍、
　　魏壽昆等28人，楊光弼列席。〔註2157〕

　　9月10日，《中國的出路》文章在天津《大公報》發表。這是自由主義的
一個政治宣言。同月17日，轉載於在《周論》雜誌（第2卷第10期，第7～

〔註2155〕胡宗剛著《還有多少歷史被遺忘——胡先驌談世界社》，公眾號註冊名稱「近
　　　　世植物學史」，2021年12月02日。

〔註2156〕胡宗剛撰《胡先驌先生年譜長編》，江西教育出版社，2008年2月版，第492
　　　　～493頁。

〔註2157〕劉曉著《國立北平研究院簡史》，中國科學技術出版社2014年11月版，第
　　　　186頁。

9頁）。摘錄如下：

《中國的出路》文章

聯署者：

樊際昌　周連犀　李　濤　毛子水　王聿修　沈儁淇　劉豁軒
陳友松　張佛泉　朱光潛　倪逢吉　齊泮林　胡先驌　王雲槐
崔書琴　張起鈞

在這個動亂的時代，整個世界都在不安中，人們有一種普遍的政治覺醒，就是，如果我們不參加政治，別人將要把與我們意志和良心相反的制度，強加到我們以及我們的子孫身上。

人類的基本要求是生活的安全與自由，凡與此潮流相反的政治力量都絕不能長久存在。人類的進步理想，不僅是經濟生活的安全，更需要心靈的平安與知識的自由。

換句話說，人類經過數百年的奮鬥爭得了政治民主，現在應當以民主政治的方式，再進一步爭取經濟平等。但決不應為了經濟平等而犧牲政治民主。因為沒有政治的民主，經濟平等就失去了基礎。如果政治是在少數人獨裁之下，即便能有經濟的平等，也是賜予式的，統治者隨時可以改變可以收回這種賜予。

人類的進步是累積而來的,進步的主潮絕不會是放棄政治民主,換取經濟平等。而是政治民主進一步再加上經濟平等。

我國的憲政已開始,我們應當以憲政的方式,加緊步驟,實現政治民主與經濟平等。能使多數人民滿意,有工作有生活,是保衛民主抵抗一切極權主義的唯一有效途徑。所以我們主張:

(甲)改進人民的生活。達到這個目標的唯一正確途徑是生產建設,不是破壞或分配已有的一點點資產。中國人的生活如求改善,問題主要在生產,然後才能談到公平分配。要改進生活,必須生產技術現代化,即以較少的時間與較高的技術,生產更多的貨物。同時以減少工作時間和增加工資擴大就業的方式,使增產的結果大眾能共同享受。一個吃不飽穿不暖的民族,是談不到政治進步的。因之,我們的目標是:

1. 農業:全中國的人口百分之八十以上是農民,所以一個合理而進步的土地政策是必要的。第一步,我們主張耕者有其田,並協助現在無田的貧民有田可種,因為絕大多數中國人尚沒有其他方法謀生。但土地不應沒收,地主亦應得適當的報酬。並須減輕農民負擔,與農民以經濟援助。改良種子與土壤,使用化學肥料,機械耕種,增設農業研究機關。將來第二步,為使農業工業化,農場必須擴大,所以次一步須實行土地公有或合作農場。

2. 工業:一個國家雖然必需有農業,但以農立國卻是最吃虧的。因為農產品的需要很少伸縮性,豐年穀賤傷農,歉年農民不得一飽。所以要使中國這樣多的人口能有較好的生活,必須工業化才行,因為在同一的面積上,工業較農業能多養活人口。我們應增設新式生產工業,使生產目的在增加生活幸福,不在謀利,借用先進國家的人才技術與資本,加速工業化。制定最低工資法,制止豪門資本的獨佔。管理並扶助已有的工礦,基本工業應逐漸收歸公有。鼓勵與工業相關的科學研究。

3. 金融:銀行是國家的主要一部門,因為金融直接影響人民的生活,不應成為私人謀利的組織,正如公用事業不應把握在私人手中一樣。現在中國主要的銀行雖然已在國家的控制之下,但最後應將所有銀行收歸公有,並使之合理化,成為輔助人民生活的,而不

是謀利的機構。

4. 商業：在經濟生活中，商業也是不可缺少的一環，尤其是小規模的商業，負有一部分分配任務，所以應加保護。但更應提倡消費合作社，藉以減少商業機構的重利。

5. 社會保險：保險是以共同的力量，加強生活保障的方式。保險應歸國營或者公營，不許保險成為謀利的機構。應實行年老保險，以養不能工作後的殘年。意外保險，是工業化後工人必需的保障。疾病保險，即醫藥社會化，無病時出保險費，有病時免費治療。失業保險，藉以保障生活的安全。

6. 財政：實行累進所得稅遺產稅，一方面平均社會財富，一方面增加國家收入。

7. 教育：一個健全的現代國民，必須受相當的教育，中國國民教育的落後，是進步的大障礙，應普遍免費供給國民教育，並訂出強迫教育年齡。

8. 配給：以上是我們的目標，須經過相當步驟才能實現。在過渡期間，為維持大眾的生存，為減少享用的不均，我們主張立即實行生活必需品，米麵油煤布鹽糖，嚴格配給制度，使貧者亦能生活，富者有錢無用武之地。

9. 行政現代化：為配合經濟的改革，國營事業的增多及國防的建立，我們必須使行政現代化，成立文官制度，保障公務員的位置和生活，以增加行政效率，劚除貪污無能。

文官制度的主要部分，在將所有公務人員以法律分別規定出，何者為事務官，何者為政務官。事務官必須由考試而來，然後有升級加俸養老等保障，使之安心服務。僅政務官為隨政黨而進退。但全國官吏絕大多數皆應為事務官，政務官僅為少數。

（乙）增強國防以求中華民族的獨立存在。因為今天的世界縮小了，國際間彼此的影響太直接了。現在的世界距天下一家世界大同尚遠，在這緊張對立的國際情勢下，大戰隨時有爆發的可能，我們如果不趕緊增強國防，使國防現代化，中華民族的獨立存在，便時時受到威脅。在這一點上，除我們自己努力外，時不及待，我們

公開坦白的主張，應與西方民主國家成立緊密軍事聯繫，尤應藉重他們的技術與設備。

我們對於民主制度（政治民主經濟平等）的信念是堅定的。民主不僅是一種政治制度，而且是對於人生價值的一種信心，假如這種信心失掉了，人類也就不會進步了。

現代全世界的民主制度都在受著極權共產主義的威脅。所以，對外我們主張聯合愛好自由民主的國家共同對抗極權的侵略，一如在二次大戰期間。對內，雖然我們對當前的政治不滿意，但我們不能否認當局所努力的方向是對的，如推行憲政與近日的財政改革。我們更期望政府再下大決心，全面向刷新改革邁進。並且我們認為，要民主憲政成功，至少須有兩個以上像樣的較大政黨，然後人民始能有選擇，政黨始能彼此發揮監督砥礪的作用。但我們更反對極權共產集團。因為假如極權共產集團得勢，人類便將要開倒車，一切的進步思想便全完了。

人類的進步是無人能阻止的，我們相信正確的途徑是保有已得的政治民主，再進一步加上經濟平等，而不是以經濟平等為號召，先犧牲了政治民主，我相信極權主義必然是失敗的。

我們認為，中國如不能統一，不能迅速克服極權主義，一切改革都無從實現。我們應勇敢的面對現實。

　　　　　　　　　　　　　　　　　九月十日，獨立時論〔註2158〕

9月11日，胡先驌致靜生生物調查所所委員會信函。

（電報）政府機會合併北平各農業生物機關，創辦農業大學。靜所在內，可增加經費，擴充事業，名義保存，請開委員會通過此提案。（1949年6月2日）

　　　　　　　　　　　　　　　　　　　　　　　　胡先驌

　　　　　　　　　　　　　　　九月十一日（1948年）〔註2159〕

9月18日，《國民黨欲革新須向左走》文章在香港《星島日報》（第8期）發表。同月19日，轉載於在天津《民國日報》。摘錄如下：

〔註2158〕《胡先驌全集》（初稿）第十五卷人文科學文章，第606～608頁。
〔註2159〕《胡先驌全集》（初稿）第十七卷下中文書信卷，第424頁。

　　民國二十六年春，筆者第一次晉見蔣先生，曾申言國民黨雖以節制資本，平均地權相標榜，但國民政府之社會政策尚遠不及英美等資本主義國家。國民黨如欲免除共產黨之威脅，只有向左走。當時蔣先生頗首肯其言。時光荏苒，十年彈指而過。中間雖經過八年出死入生之抗戰，然國民黨始終不能實現民生主義。反之財富集中，日甚一日，豪門奸商，愈行猖獗，軍心解體，民不聊生。「共匪」今日坐大至此，實國民黨政策錯誤為叢驅雀有以使之也。今國民黨中央委員與國民黨籍之立監委四百餘人於八月三四兩日舉行座談會，公開討論革新國民黨之道。有謂黨內必須實行民主，尊重黨員意見者；有謂應提高黨的紀律，嚴格管理從政黨員，實行民生主義者；有謂本黨應為農工及進步的知識分子之代表者；有謂要恢復革命精神者；有謂黨內不應有派系，且不讓資產等階級在黨內存在者；有謂登記黨員應同時登記其財產者；皆能得其要領。然國民黨之失敗，究為失去革命精神，未能實行民生主義，遂使國民黨如蔣先生所云變成貪污腐敗之集團，而成為今日革命之對象。革新之道，只有實行民生主義之一道。換言之即向左走是也。

　　「左」傾本革命黨普遍之精神，共產黨如是，社會黨如是，勞工黨如是，國民黨亦如是。所有別者，共產黨主張獨裁，而他黨則主張民主耳。且「左」傾思想實為中國文化之傳統，儒家如是，道家如是，墨家亦如是。此係中山先生所以標榜《禮運》「大道之行也」一章尊為國民黨最高之理想也。國民黨之失敗，即在自北伐告成之後，國民黨政府以內有敵黨，外有敵國，鞏固政權，必須安定，遂與官僚及資本家妥協，當改革者不能改革，當劃除者不能劃除，於是喪盡昔日革命之精神，而日趨於腐化。加以主持黨務者徒知造成派系以鞏固其勢力，不知吸收開明愛國之知識分子，於是黨權大部操於黨官之手，而潔身自好之士避之若浼，黨乃江河日下矣。

　　革新之道，一面固須黨中首腦人物有徹底之覺悟，放棄派系觀念，儘量效法各國之政黨，吸引人才；一面尤須積極推行「左」傾之經濟政策，使愛好政治自由與經濟平等之知識分子樂於加入國民黨，而不至為共產黨所吸收。如是則國民黨能以與英國勞工黨相似

之左翼政黨之姿態出現。斯國民黨有創造新生之可能，而中國亦得救矣。

此次政府改革幣制，停止證券交易所營業，嚴屬取締金鈔黑市，檢查倉庫，懲辦奸商，整頓稅收，頗能表示政府有勵行新政之決心，故一時能博得人民之信賴與支持。然細觀其條例，其主旨僅在樹立幣信與穩定幣值，並未能利用此機會給與豪門以任何之打擊。而將金鈔兌換價格提至黑市水準，反不啻對豪門奸商之既得利益與以法律上之承認。在整頓稅收方面，仍注重在增加貨物稅與鹽稅，並未敢開徵財產稅（或者靜待立法院擬定財產稅法），而所訂戡亂附稅中直接稅、累進稅額只高至百分之六十為止，以視美國之直接稅之提高至百分之八十七者相去甚遠，凡此皆見政府尚未有平均財富之決心也。至於土地法，雖各省政府頗有自行擬訂者，而中央政府尚未令地政部擬訂一全國性之法規。即二五減租，亦尚未命令各省政府嚴格執行，而徵購徵實則功令急於星火，縣長因之而繫獄者大有人在，實是政府尚未有拯救一般貧苦之農民之意。以視英國工黨政府竟能施行全國社會保險者，真有天壤之隔矣。因政府尚不敢對於豪門富商徵收重稅，而戡亂之軍事又不能停止，乃只有剝削公教人員之一途。公教人員滿希望幣制改革以後積困可以稍紓，然生活費增加之數甚微，仍不足以仰事俯畜。在賢者仍須忍饑，而不肖者之貪風自無自戢。政風之改變，一時尚無望焉。

處今日之勢，欲戡亂建國，收拾人心，僅僅改革幣制，平衡預算，尚不足以挽救危局。用不流血之手段以改革土地，平均財富，實為刻不容緩之事。中國人民固貧，但貪官污吏豪門奸商積年所搜刮積聚之財富確非少量，即效法美國懲收高額之所得稅與遺產稅，亦足以支付目前小額之國家歲出預算而有餘，而不必以低薪政策以剝削公務員，或以徵購徵實政策以剝削農民。而訂立限田法，發行土地公債以徵收逾額之土地，以分配於實際耕作之佃農，乃解除農民困苦迫不及待之要政。勿謂「共匪」在華中放棄土地改革政策，便謂土地改革可以稍緩。「共匪」土地改革之失敗，在其分割土地過小，不合農業經濟原理，因而引起糧荒之故。若合理之土地改革，

農民未有不歡迎者。第政府必須不畏土豪劣紳之阻擾，銳意執行，且須地主與以適當之代價，則耕者有其田之目的可達矣。

凡此種種，國民黨內賢達之士，寧不知之？觀國民黨黨員所提之兩改革方案之要點，如切實實行民生主義的經濟政策，消除十三年來黨綱已接近資本主義的錯誤經濟政策，登記黨員財產，提高所得稅率，劃分利得稅率，嚴格徵收財產稅即救濟特捐以平均貧富負擔，制定私有財產標準而課以重稅，切實提高公教人員待遇等。苟能實行，必能收拾人心而獲得人民之擁護。若國民黨施行「左」傾經濟政策，則共產黨即失去其憑藉，戡亂建國，自非難事。國民黨可恢復其領導地位，而國家亦受其賜矣。所可慮者，國民黨之領袖尚無徹底更新黨務與政治之決心。內而仍憑藉其派系之力量以期維持其黨權與政權，外而仍與貪污腐敗之勢力妥協，而無革命之勇氣，則雖有良好之改革方案，終亦束之高閣。果爾則戡亂建國之目的，未必能達，國家預算未必能平衡，經濟危機未必能克服，新幣未嘗無再度膨脹之可能。共產黨雖終於失敗，國內之騷動，仍將不免，國民黨之前途亦無大希望矣。黨國之興衰繫於此次之改革，國民黨之領袖其念之哉。〔註2160〕

9月22日，中央研究院召開臨時會議。

中央研究院第2屆評議會臨時會議於下午4時在中央研究院大禮堂舉行，到會評議員26名：朱家驊、翁文灝、薩本棟、呂炯、吳學周、吳定良、李濟、李書華、秉志、周鯁生、周仁、林可勝、胡適、茅以升、姜立夫、陳垣、陶孟和、莊長恭、張雲、張鈺哲、凌鴻勳、傅斯年、趙九章、錢崇澍、謝家榮、戴芳瀾。朱家驊主持會議，研討《評議會選舉規程》第4～6條關於聘任評議員選舉程序及具體要求的條例，商定院士會議和中央研究院成立20週年紀念儀式的程序，通過傅斯年臨時提議「本屆評議員均應為下屆評議員之候選人案」等。〔註2161〕

〔註2160〕《胡先驌全集》（初稿）第十五卷人文科學文章，第601～603頁。

〔註2161〕南京：中國第二歷史檔案館，全宗號三九三，案卷號220，第～17頁。張立生編著《謝家榮年譜長編》（上下冊），上海交通大學出版社，2022年12月版，第619～620頁。

1948 年 9 月 23 日上午 10 時在南京雞鳴寺中央研究院禮堂舉行，國立中央研究院成立二十週年紀念會暨第一次院士會議 48 位合影，左起，第一排：薩本棟、陳達、茅以升、竺可楨、張元濟、朱家驊、王寵惠、胡適、李書華、饒毓泰、莊長恭；第二排：周鯁生、馮友蘭、余嘉錫、湯佩松、陶孟和、凌鴻勳、袁貽瑾、吳學周、湯用彤；第三排：李宗恩、梁思成、秉志、陳垣、周仁、蕭公權、嚴濟慈、葉企孫、李先聞；第四排：楊樹達、楊鍾健、伍獻文、胡先驌、李濟、戴芳瀾、蘇步青；第五排：鄧叔群、吳定良、謝家榮、俞大紱、陳省身、殷宏章、錢崇澍、柳詒徵、馮德培、傅斯年、貝時璋、姜立夫

1948 年 9 月 23 日下午中央研究院成立二十週年紀念會第一次院士會議。左起，第一排：余嘉錫、陳垣、張元濟、翁文灝、朱家驊、吳敬恒、胡適、王寵惠、柳詒徵、周鴻經；第二排：傅斯年、葉企孫、謝家榮、饒毓泰、楊鍾健、馮德培、茅以升、凌鴻勳、馮友蘭、楊樹達、陶孟和、李書華；第三排：殷宏章、俞大紱、伍獻文、吳學周、蔡翹、李宗恩、袁貽瑾、嚴濟慈、蕭公權；第四排：秉志、竺可楨、湯用彤、李濟、周鯁生、錢崇澍、陳達、莊長恭、吳定良、貝時璋、蘇步青、薩本棟；第五排：李先聞、林可勝、周仁、鄧叔群、梁思成、湯佩松、戴芳瀾、陳省身、胡先驌、姜立夫

9月23日，出席上午10點在南京雞鳴寺中央研究院禮堂開幕的中央研究院20週年紀念會和第一屆院士會議開幕典禮，並在開幕式後合影。下午出席預備會。

9月24日，出席繼續舉行的中央研究院成立20週年紀念會第一屆院士會議，議程為選舉中央研究院第3屆聘任評議員，會議決議本屆院士會議不選舉名譽院士，推舉名譽院士選舉細則起草委員會，設置論文及學術講演兩個委員會，論文委員會負責籌備下屆年會宣讀學術論文事宜。

9月24日，江福利致韓安信函。

> 竹翁所長鈞鑒：

>> 昨奉手諭，並附益三先生原函謹悉。此事已再託劉守初兄往曾秘書處洽商，俟有具體結果，當再陳明，如李軍長返平，亦可往謁。事實上曾秘書對此事即可處理……

>> 《中國森林樹木圖誌》第二冊業已出版，步曾先生此次赴京，曾攜往一部。本所應有一百冊，未知如何定價出售，擬懇准予撥發本場兩冊，以供參考。又場內同仁亦有願購用者，如可優待，即可就近向靜所洽領，款當由我匯所，共計不過五六冊耳。請賜函該所，以便洽領。靜生印刷設備甚佳，場中刊物將委託該所辦理，因補助印刷圖譜已撥工人一名，當較方便，且較低廉也。

> 專此順請

> 鈞安

戍 江福利 謹拜

卅七年九月廿四日〔註2162〕

9月24日，中央研究院院士大會選舉第三屆評議員，共32名。這樣本院主持者為院士，構成主題為院士，學術評議的責任屬於評議會，從事學術研究者屬於各研究所，國家學院體制，經過20年的艱辛努力，終於完成。胡先驌繼續當選第三屆評議員。從第三屆開始，由中央研究院聘任評議員，共32名。數理組：陳省身、蘇步青、吳有訓、李書華、葉企孫、莊長恭、翁文灝、竺可楨、茅以升、凌鴻勳。生物組：秉志、伍獻文、陳楨、胡先驌、錢崇澍、李宗恩、林可勝、馮德培、湯佩松、俞大紱。人文組：湯用彤、馮友蘭、胡適、陳

〔註2162〕《胡先驌全集》（初稿）第十七卷下中文書信卷，第476頁。

垣、趙元任、李濟、梁思成、王寵惠、王世杰、周鯁生、錢端升、陳達。

9月，中正大學南京校友陳縉拜見胡校長。

> 1948年上半年，南京成立了中正大學南京校友會，我擔任常務理事。8月暑假期間，第二次校友會開會時，在校校友提出說林一民校長勒令幾十個同學退學，要求校友會函請林校長收回成命。校友會採納了這個意見，由我執筆請林校長寬大為懷收回成命，但沒得到答覆。

> 同年冬，聽到胡校長到南京參加中央研究院開會的消息，校友會又集會，大家想聚餐歡迎，推出我和另外兩位校友去拜謁他，表達對他老人家孺慕之殷。前兩次沒見到，第三次我們寫了簡短的報告，請老人家復示數語，下次再來叩謁。第三次拿到了復示。第四次按照復示指定的時間和地點，我們三人瞻仰到老人家慈顏。對聚餐歡迎一事，老人家還是在校時那般快人快語地說：「你們的心情，可以理解。我怎麼有時間吃你們的？今天見到你們，我也高興。」談到在校同學被勒令退學，校友會函請林校長收回成命，但沒得答覆。我們又向老人家表達了無論畢業校友還是在校校友，都很想要求他老人家再回母校，重掌校務。老人家說：「我到南昌時，林校長在歡迎會上說他是我的學生。事實上，他是學化學的，我是學生物的，他不是我的學生。另一方面，我經手聘請的教授被他解聘了不少。我已離開了行政職務，我不會回去。」當時局勢在大變動的前夕，我們問他時局變化時有何打算。老人家胸有成竹地說：「不管時局如何變化，我留在北平不走。」這是我最後一次拜謁他老人家的情況。〔註2163〕

9月25日，討論人員參加第七屆太平洋科學會議。

> 院士會議授權朱家驊、翁文灝、薩本棟等中央研究院一級領導會同胡先驌、竺可楨、楊鍾健等負責推定出席第7屆太平洋科學會議的代表。當晚薩本棟召集會議，推定謝家榮與伍獻文、鄭萬鈞及沈宗瀚等人作為代表前往出席1949年2月2日在新西蘭舉行的太

〔註2163〕陳縉著《對胡校長的一點回憶》。胡啟鵬主編《撫今追昔話春秋──胡先驌學術人生》，北京燕山出版社，2011年4月版，第294～295頁。

平洋科學會議。當晚蔣介石在其官邸宴請全體院士。〔註2164〕

9月，How Metasequoia, the "Livingfossil", was Discovered in China（中國發現活化石水杉之經過）刊於 Journ. N. Y. Bot, Gard.《紐約植物園期刊》（1948年第49期，第201～207頁）。

9月，院士大會討論議案決定參加第七次太平洋學術會議，提選胡先驌、竺可楨、翁文灝、薩本棟等為委員，負責決定出席該會人選，決定謝季華、伍現文、朱樹屏、沈宗翰、鄭萬鈞諸位。

9月，聯署名發表《中國之出路》文章在《周論》（第2卷第10期）發表。

> 後來王聿修寫了一篇《中國之出路》又名「社會黨政綱」，就是所謂十二教授宣言，我也簽了名。這些政綱都是改良主義的社會黨的政綱，還主張與英美等西方帝國主義國家訂立軍事同盟，這是徹頭徹尾的……。這篇文章在全國各報同時發表，是很能搖惑人心的。最痛心的是，後來反動政府竟將此文印為傳單，用飛機在解放區的上空散傳。這件事在事前雖沒有得到我的同意，但這企圖妨礙革命烈火，我是應該負責的。十六教授宣言簽名的動機都是畏懼革命與反革命，一方面知道反動政府已失盡人心，一定要失敗；一方面妄想走第三條路線，來挽回這個局面。自己雖沒有藉社會黨以做大臣的意思，但假如走第三條路線能夠成功，我的許多政治主張可以實現，我的科學事業也可以格外發展的。我是不願離開我的科學崗位的，所以我在當大學校長時，還兼著靜生所所長。但若是政府給我一個顧問的名義，我是會接受的。〔註2165〕

10月18日，《人民日報》對「中國的出路」文章進行評論。

> 10月18日，《人民日報》發表新華社通電《胡適派反動教授真形更暴露發表無恥宣言吹彈戰敗濫調》，全文如下：上月十日天津大公報登載樊際昌、朱光潛、胡先驌等十六個反動教授題為「中國的出路」宣言，該宣言表示中國大資產階級的反動派別正在積極出賣

〔註2164〕 張立生編著《謝家榮年譜長編》（上下冊），上海交通大學出版社，2022年12月版，第621頁。
〔註2165〕 胡先驌著《對於我的舊思想的檢討》，1952年8月13日。《胡先驌全集》（初稿）第十五卷人文科學文章，第629～640頁。

祖國，以追求美帝國主義對於中國的進一步武裝干涉。曾經偽裝某種自由主義面貌的十六個反動教授，在這個宣言裏表明了他們擁護蔣介石集團和帝國主義陣營的堅決立場。這一小群美國反動派的學舌者說：「現在全世界的民主制度都在受著極權共產主義的威脅。所以，對外我們主張聯合愛好自由民主的國家共同對抗極權的侵略，一如在二次大戰期間。對內雖然我們對當前的政治不滿意，但我們不能否認當局所努力的方向是對的。」跟旁的反動分子一樣，他們並把自己的卑鄙夢想寄託於外國援助和他們所鼓吹的第三次世界大戰上面。他們說：「在這緊張對立的國際情勢下，大戰隨時有爆發的可能……時不及待，我們公開坦白的主張，應與西方民主國家成立緊密的軍事聯繫，尤應藉重他們的技術與設備。」雖然宣言上沒有胡適的名字，人們都相信這個宣言代表著胡適的立場，宣言的署名者不少是出名的胡適派。觀察家認為這個宣言實際上只有兩個作用：第一是讓人們知道，胡適集團已經比以前更加死心塌地為國內外最反動的分子效忠。第二是讓人們知道，願意在這個反動文件上簽名的人是這樣少。這與北平旁的教授們歷次所發表的真正反對外國侵略與擁護民主的宣言有成百人簽名一事，是一個鮮明的對照。〔註2166〕

10月27日，胡先驌致任鴻雋信函。

叔永吾兄惠鑒：

　　弟於二十四日抵平，一切順適。北平物價之貴，駭人聽聞，麵粉價最高時達到一百二十元一袋，近日始稍落。硬煤二百八十元一噸。公教人員生活無法維持，各大學教授講師皆已罷教。所中同人之窘可想，教部發給員工薪津事有消息否？據華北劉總負責人觀察，認為華北小康局面或可維持至年底，明春則殊可慮，靜所南遷殊屬必要。張肇騫即日將家眷送回溫州，其他同人亦有此意，故經費問題解決後，即須進行南遷計劃也。

　　專此即頌

時綏

〔註2166〕宛小平著《朱光潛年譜長編》合徽大學出版社2019年9月版，第224～225頁。

弟 胡先驌

二十七日（1948 年 10 月）〔註 2167〕

10 月 29 日，胡先驌致任鴻雋信函。

> 叔永吾兄惠鑒：
>
> 　　前發一函，計已收覽。各大學罷教結果，政府提前墊發一月薪
> 津，薪津調整勢在必行。燕京、輔仁亦已加倍發薪。靜所同人只希
> 望教部補助成功，方能受同等待遇，不知行政院已核准否？望速催
> 訊，俾得早日解決，以安人心為感。軍事消息甚惡，各方面南下之
> 人極多，一俟經費問題解決，即宜籌南遷之策也。
>
> 　　專此即頌
>
> 時綏

弟 先驌

二十九日（1948 年 10 月）〔註 2168〕

10 月 29 日～30 日，《生命之意義》文章在《國立浙江大學日刊》復刊新
66 期及 67 期發表。此文為胡先驌於同年 10 月 18 日，在浙江大學演講詞，周
光裕記錄，未經講者校正。摘錄如下：

> 　　一般迷信科學的人，都認為自然現象乃偶然發生；但二十世紀
> 科學家則以為不然，並可設法計算出宇宙產生之時日。我們知道宇
> 宙之根源為「能」與「質」，愛因斯坦氏以為二者可以互變，能之最
> 小單位為量子，質之最小單位為電子，由於不同數目之電子而形成
> 元素系統。但此法所成之元素甚為有限，尤以電子數目過多後，元
> 素即不穩固，例如鈾、鐳等。
>
> 　　宇宙中有一種新的結合方法，以不同元素之原子結合，則其變
> 化無窮矣。在九十幾種元素之中之碳，容易造成最複雜之分子，生
> 命之起源即在於此。例如過濾性毒（Virus），能生長，亦可生殖，乃
> 有生命現象，但自電子顯微鏡發明後，得知過濾性毒為一種結晶之

〔註 2167〕　胡宗剛撰《胡先驌先生年譜長編》，江西教育出版社，2008 年 2 月版，第 499
　　　　　　頁。

〔註 2168〕　胡宗剛撰《胡先驌先生年譜長編》，江西教育出版社，2008 年 2 月版，第 499
　　　　　　～500 頁。

蛋白質，可以用化學品使其失去生命，同樣可用化學品使其重有生命。所以，最初之生命物質並非細胞，而為化合物。

生命起源後，由此種複雜之化合物而成為簡單之細胞，能行細胞分裂，由一個生命而為兩個。細胞用不同之營養方法而得到「能」，但在進化上言之，葉綠素乃為最好之物質，由日光、二氧化碳、水藉其作用而成植物之正常營養方法。如此，形成了單細胞生物。

有一種眼蟲，為單細胞生物。體中有葉綠素能自行製造養料，但前端又有一孔，可食更小之生物。此種攝取食物之方式乃很快為生物所接受，於是動物發生矣！

生物初為單細胞。由一分為二，二分為四……此種方式並不最佳，有時不能再分，或失去生命，於是有二個體交配後而生殖後代，於是有「性」之發生。性之意義乃一個體與另一個體結合而增加生命現象。性發生後之數萬年中，情感、藝術均因此而達昇華，遂使後代生命現象有所增加之。

由單細胞生物再進則為團體，如團藻由一千多個細胞結合之群體。各細胞之行動因而必須一致。每至冬日或乾燥時，群體不能渡過，於是各細胞之寶貴物質均輸至一個細胞中，長成很大之休眠孢子，其他均死去。死之發生乃為生物之重要意義，為種族之綿延而犧牲之。因此，多細胞之生物方能發達，而以個體作生命現象之過渡工具。吾人生存於社會上，亦應為達成本身應盡之義務而努力。

動物因攝取養料而營養，生活方式得以加快，蜩假而發生神經系統。至昆蟲及哺乳動物，其神經乃極發達。至此，動物之感覺有本能及智慧二方面。昆蟲之感覺，由本能而達到自然。例如：蜜蜂作窠，因節省材料及地位，故窠恒為六角形，又如寄生蜂產卵於其他蟲體中而發育之，均為對本身極有利之方法。法國有一位昆蟲學家研究蜂之智慧，知其甚審，而悉此種本能乃為天生所賜，漸成自然。人益以智慧而不僅以本能而生活也。

生命之強有力者，並不一定能永遠。例如恐龍為中生代時期之巨大動物，但腦極小，在此時期，哺乳動物已發生，其體積很小，因有體溫、發達之腦而能偷生一萬萬年。至世界起大變化後，恐龍不能生存而以哺乳類代之，漸而發達為靈長目之猴，生活於樹上。

至鮮新統時代，地球上起造山運動後，北冰洋變為寒冷，將人類之祖先驅至地面，而以足行路，將手空出工作，創造語言文字，以手腦並用，而人得為萬物之靈矣！

人類經漫長之歲月後，心理上演進之，合作、犧牲等最高道德均發達，但不一定是幸福，可能為痛苦，或是生命，或為死亡。此乃人類之特有性質，亦人類之異於禽獸者也。人類為得要達到更高之目的，須有捨棄，而更表示人類之偉大。佛教及其他宗教均主張犧牲自己而拯救他人，才不失為生命之原意。一個人之生命，有其無窮之歷史。Hertwiy 說：「歷史就是事件。」人乃與整個人類在一起，人之結合，在於精神而不為物質。物理或天文學者認為人只不過為一極小之物體，但生命之意義並不在於物質上，由是吾人必盡力打到「唯物論」者，而以博愛、自由為人類之崇高理想。雖然，北京人至今已五十萬年，但人類歷史尚未達萬年，而科學之誕生至今僅四百年而已。我們很難想像到千年、萬年後之人類，更難想像到未來之世界。

蕭伯納說：「人生下來是為還債的。」父母之教養，社會之培育，及達成人必須各盡所能貢獻社會，以還債務。能清償，抑或有餘，則須視各人之努力而定。為國家，為人類，應盡個人之力量使謀幸福。我們要站在生命演進之前端，以創造人類宇宙之生命！〔註2169〕

10月，《梅庵憶語》文章在《子曰叢刊》雜誌（第4期，第20～24頁）發表。摘錄如下：

一、梅庵之風景與歷史

余於民國七年秋應國立南京高等師範學校之聘為農業專修科植物學教授，郭校長秉文首次宴諸新任教授於梅庵，此具有鄉村風味竹籬茅舍之校園遂為勞生中最堪回憶之地。庵為一以茅蓋頂可陳列三四筵席之平房，四周繞以梅樹十餘株，榜曰「梅庵」，為前校長江謙所書，即以紀念前兩江師範學校校長臨川李梅庵先生瑞清者也。梅庵先生在清光緒朝廢科舉興學校時，創辦兩江師範學校，作育英才甚眾，至今遺愛猶存。清社屋時以黃冠終其身，以書法為世宗匠，

〔註2169〕熊盛元、胡啟鵬編校《胡先驌詩文集》（上下冊），黃山書社出版，2013年8月版，第702～704頁。

平生不娶，品格清高，頗似林和靖，以梅庵為號，殆亦有和靖梅妻鶴子之意。兩江師範學校至民國二年改為南京高等師範學校，江校長乃就校園建一草廬為師生遊憩之所，而名以「梅庵」，此名教育家之名遂隨南雍而永垂不朽，亦快事也。

《子曰叢刊》雜誌　　　　　《梅庵憶語》文章

梅庵面臨一小池，池畔矗一老松，人稱之為六朝松，實則為柏葉松身之檜也。其年亦僅數百，大約為明季之物，蓋其軀幹猶不及北平稷園元檜之雄偉。殆該處本有一六朝人所植之松，不知何時死去，好事者乃植一檜以補之，遂相沿訛稱為六朝松耳。老檜之頂曾為雷火所擊，一枝拗折如虯龍，至為美觀。

檜下植梅十餘株，分數品種，多以貼骨紅與綠萼最為珍異。貼骨紅著花紅幾與貼梗海棠相若，常與王冬飲折其枝而觀之，則表裏皆紅，至為奇特。花時一枝橫斜臨水，濃而不媚，令觀者徘徊不忍去，即至將謝，紅猶不退。余之舊句，「覆水殘梅猶爾紅」即詠此也。

梅庵中雜卉甚多，除梅外則以杏花為美觀。杏之花期略後於梅，而樹高花密，色淡而煥彩若明霞，頗似東瀛之櫻花。東風轉煦，一夜勃發，晨起觀之，淡妝綽約如姑射仙人，可遠觀而不可褻玩焉。

梅庵為校園，不但校長教授常集會於此，各級學生如有集會亦在此舉行，無集會時住一字房之教授與學生，茶餘飯後亦喜來在此盤桓，看花倚樹清言相酬答。吾知在千百師生心中，梅庵之風景，畢生將掛夢不去也。

二、郭秉文校長

南京高等師範學校首任校長雖為江謙先生，然最為學生所愛戴，教授及社會所尊視者則為郭秉文校長。郭校長為美國哥侖比亞大學師範學院哲學博士，江校長長校時，郭校長任教務長，佐江校長最為有功。嗣江校長以年老多病辭職，舉郭校長以自代。於是此溯源遠自明代之南雍，乃逐漸形成著名海內外之國立東南大學。

郭校長隸籍江陰，嘗肄業於教會學校，曾服務於海關，後乃自費赴美國留學，歸國後即任南京高等師範學校教務長。郭先生軀幹短而略肥，面時具笑容，吐語聲柔而稍雌，然慢緩明晰而悅耳，與之傾談即知其為幹才也。其接人以和，領導學生寬而有禮，處理校務井然有條。禮賢下士，延攬名師，對於發展學校計劃固密而具遠識，及與政府官吏社會領袖周旋則又明敏圓到恰如其分，無官僚與政客之作風。故校內外翕然稱之。其與江蘇教育會諸領袖如黃任之、沈信卿、袁希濤諸氏接近及與江蘇督軍齊燮元周旋，實主持校政者不得不爾之事，不足為訾病也。然卒以黃袁沈三氏之力，而創辦商科於上海，齊氏且捐建一圖書館以紀念其父焉。

郭校長佐江校長創辦南高時，首設文史地部與教理化部，稍後則分年設立教育專修科、工業專修科、農業專修科與商業專修科，各聘有名教授為主任，盡力延聘名教授，提創沉潛樸實之學風，故不數年而南高之聲譽鵲起，於是籌改東南大學乃易於反掌。文史地部改為文科，教理化部改為理科，各專修科改為農工商教育等科，教師圖書設備略加擴充，但將學生修業期限延長一年而已。

郭校長主校政時，各部門亦不免發生爭執，但皆因各科負責人為欲發達各人之事業而爭取經費，初無派系門戶與私人恩怨入也。郭校長為教育學家，自不免有偏重教育科之趨勢，故教育科每易多得經費以完成其計劃，而附屬中學小學又頗負盛名，經費自亦充裕。他科之主持人亦凌厲憤發欲擴充其事業，其能得外界之助者，固別有活動之方，其不能得外援而在校內又不能得到充裕之經費者，自不免有怨言。郭校長周旋其間亦不易也。

郭校長出身教會學校，國學根底不甚深厚，其延聘文科教授自不免有徒採虛聲之病。斗方名士往往濫竽於老師宿儒之間，故時時

引起不滿。然究為小波瀾，與日後之易長風潮無大關係也。郭校長
亦時時延請校外名流來校講演或講學，梁任公之講學自為校中一大
事，然如尹昌衡、江亢虎之輩亦曾來校講演，則未免有貴耳之譏。
尹之哲學宗教觀尤為荒謬，郭校長當時聆其言論，想亦不禁莞爾也。

郭校長一度曾經商務印書館洽聘為總經理，然以東大成立不久，
校譽之發皇正如旭日初升，而各教授又堅挽留之，遂謝絕商務之請。
初不料乃敗於楊銓之陰謀，然至今舊日同僚與學生咸思念不置，其
去思之深有非一般大學校長所能及者也。

三、劉伯明與陶知行

東大成立時，校務繁忙，非一人所能應付，郭校長乃聘金陵大
學教授劉伯明為副校長。劉氏名經庶，伯明其字也，隸籍江寧，留
學美國西北大學，治哲學，得博士學位，為誠虔之基督教徒，然邃
於中國之哲學，於老莊哲學尤有深刻之研究。軀幹頎長，面容和靄，
即之溫然，一望而知為修養有素之學者，與郭校長明敏幹練長於治
事者有別。郭校長自聘得劉伯明為副校長後，校內之事悉以委之，
而以全力對外以求學校之發展。劉氏以謙謙君子之風度，處事接物，
一秉以誠，諸教授與學生咸尊禮之。東大學風之養成，劉氏之功固
不在郭校長之下也。

劉先生雖為基督教徒，而無教會氣味，國學造詣甚深，故與諸
國文歷史教授甚為相得。西洋哲學為其專長，故瞭解西洋文化之精
髓，而知汲引長於西文之學者，於是美國哈佛大學人文主義白璧德
教授之高足弟子梅光迪、張歆海、樓光來、吳宓連翩蒞校任教授，
不但為英文系開一新紀元，且以養成東大之人文主義學風焉。

劉先生不幸於十三年病逝，此與東大之打擊，乃遠在口字房被
焚之上，為一不可補償之損失。翌年遂發生易長之風潮，而東大乃
盛極而衰。劉先生若健在，雖未必便能遏止此風潮，然以其與各科
系同人之友誼與公正誠懇處世之態度，必能減少各方之誤會，而與
郭校長以無形之幫助。哲人其萎，誠東大之大不幸也。

陶知行與劉伯明之性格學養頗為不同，郭校長繼江校長任校長
之職後，陶知行即繼郭校長任教務長。陶亦出身哥侖比亞大學師範
學院，其在南高任教務長時，年未滿三十，人頗精幹，但未成熟，

其中西學問似均不深厚，然亦無甚招人厭惡之習氣，處事明敏，不失為一能幹之教育行政人才。但其言行在當時並無足以領導青年之表現，與之相處，固無不快之感，但亦不覺為一種優秀或偉大人格所吸引，其日後思想與行為之表現，在當時殊難於覺察也。

北伐告成，東大改組以後，筆者即從未與陶先生一面，亦人生遇合上一怪事，但知其創辦曉莊師範學校，以墨者之精神領導青年，頗博得社會之稱譽。其太夫人與夫人皆能刻苦以佐之，具見其實行之篤而能感召其家人。其由「知行」更名為「行知」，即求以行動印證其知識。自此點而觀之，彼或具有清儒顏李之精神。然曉莊運動並未能樹立永久之基礎，以視梁漱溟、晏陽初之成就尚覺不及。其思想雖左傾，然對於政治經濟並無明確之主張，亦未能領導青年造成一種力量。尤以與馮玉祥親近，至招明眼人之反感，終至一無所成。齎志而沒，殊可悲也。

四、文史地部幾個教授

南高初創之時，文史地部雖未聘得久享盛名之教授如林琴南、劉申叔、辜鴻銘等，然亦有耆儒寢學如王伯沆與柳翼謀諸先生，以樹立南高東大文史學之基礎，以曲學名家之吳瞿安則東大成立後始來校者也。諸先生中以王伯沆先生最為淵博而精於文藝，作者與之相處甚久，故知之亦最深。

王伯沆先生名瀣，別號冬飲，江蘇溧水人，世居南京，故又籍江寧。然先生性嫉俗，對溧水人則稱籍江寧，對江寧人則稱籍溧水。少年時頗恃才傲物，於詩古文辭無不精擅，經學小學亦造詣甚深，亦精佛學，宗華嚴，善書法，大楷似錢南園，行書小楷則似何子貞。陳散原先生教諸子多聘名師，伯沆先生即彥通、登恪之師也，師曾、寅恪雖未受業亦師事之焉。辛亥革命後散原遷居上海，先生乃在龍蟠里圖書館任一末職，甚困窘，幾無以供菽水，至南高成立，乃任國文講席。

余來南高時，在一字房教員宿舍與先生比屋而居，乃得時與接談，獲益匪淺。余自歸國後在南昌與王簡庵然父昆季朝夕相處，競作宋詩。簡庵宗陳簡齋，然父則宗山谷，餘則喜東坡，以追少陵與昌黎，於近人則嗜散原與海藏。及與伯沆先生遊，則始讀鄭子尹之

《巢經巢詩》，又得見先生手鈔阮大鋮之《詠懷堂集》與王霞舉（軒）之《西遊草》，乃漸領略大謝之境界。吳嘉紀之《陋軒詩》亦先生所贈也。先生之詩秀美絕倫，得力於阮王二人不少，然評詩則不宗一家，能盡各家之 奧。與之傾談，多所啟發，余作詩有進境，實獲益於先生之談論也。先生精於評論，雖以陳散原先生之雄於文，亦時作一二字之推敲焉。

先生作詩各體均擅長，然尤精於五古。余最愛其遊焦山詩，如「焦山不滿眼，隱秀浮蓬壺。帆舟造其北，微風綠蠕蠕。樓殿柏水飛，環肩不？。樫碧架離耀，江淮來委輸。？洄鬱無聲，一噴碎群珠……」「松寥晚呼販，客散江樓寬。散原腳不襪，冥對天風寒。舳齋澹蕩人，感歎在雲端。……冥冥風揭廉，微微露侵攔。象小暗如幾，倦眼時一看。似聞空外音，視魂驚風湍」。「江山壯南戒，將歸造其巔。渾渾元氣包，高綠風掃天。佛光黯危樓，木末冷眼懸。坐見百變滅，沙鳥雲帆煙。吾身亦鄰虛，吸習煩塵煎。……」皆奇秀入骨，洵遊焦山之絕唱。此次與會者有陳散原三立，俞舳齋明震，與陳蒼虬曾壽，各有佳作，然均不能出先生之右也。先生詩不多作，然皆極精妙，惜身後尚無人為之刊布遺稿，苟有散失，則中國文藝不可挽之損失也矣。

先生亦長於詞，宗張玉田。其講經學，不墨守窠白。其講《詩經》，頗推崇詩經原始，曾講論語、杜詩與莊子，講室內外無隙地，其能啟發學生之能力可見矣。先生又長於《紅樓夢》之研究，有手批本，惜未得見。先生年少時，嘗於妓館大講《紅樓夢》，其！狂可想，先生不諱言之也。

先生為蘇州大成教黃先生之弟子，此則余所不解者。據先生云黃先生之修養已到孟子境界，此教甚奇特。劉鶚鐵雲所著之《老殘遊記》曾紀載之「鐵雲即其教徒，江西豐城之毛慶蕃（甘肅布政使）亦黃先生之門下也。」大人先生學者願北面受教，則黃先生應有其過人之處，然其釋經又逾常軌。據聞其釋「三家者以雍微」，謂三家為大腸小腸膀胱，則非常人所能理解者矣。中國學者無科學訓練，又好神秘之事，遂走入歧途有如此者，亦憾事也。相傳大成教徒曾設法使黃先生與佛學大師歐陽竟無先生晤談，竟不歡而散，至今教

徒皆引以為憾云。

余北來後即鮮見先生。七七事變前一年先生偕金陵大學胡翔冬來北平省視陳散原，是為最後一次之會晤。民廿九年餘內渡，微聞先生患風昧，然尚能作詩，曾在重慶見其五律二首。先生素清貧，抗戰役興，中央大學仍照常致送薪金，生事賴以維持。二子皆病肺夭折，有一任甚聰慧，先生望其能紹箕裘，亦以瘵卒。先生乃不忍翻閱其舊稿而藏之篋笥中。先生身後家難迭興，孤孀弱女，""無依，能否保存其遺書與著作，殊不可知，思之惻然。

柳翼謀先生名詒徵，江蘇丹徒人。少有才名，《范伯子詩集》中稱柳翼謀秀才者是也，工古文與詩，善作擘窠書，幾與清道人抗手，往往以漢賦手法作七古，雄篇巨製，湘綺莫能相尚也。圓面修髯，善談論，聲若洪鐘。自來南高，主講《中國文化史》，三年而成巨著，開此學之先河。當時北方學風，以疑古為時髦，遂有顧頡剛所主編《古史辨》之發行。一般關於史學之研究，亦集中於史料或小問題之探討，於是《二十四史》《資治通鑒》等正史可以束之高閣，而《洛陽伽藍記》一類之書反認為不能不讀。南高東大之史學在柳先生領導之下，則著重在史實之綜合與推論，其精神與新漢學家不同，此則柳先生之功也。

東大易長風潮發生，柳先生為反對郭校長一主要人物。自胡敦復失敗以後，柳先生不能不脫離東大。北伐告成，東大改組為第四中山大學，柳先生又回校。然不久即主持龍蟠里之盋山圖書館，先後曾刊印珍貴之書籍甚多。阮大鋮之《詠懷堂詩》，即其一也。抗日戰作，柳先生曾將盋山圖書館多種珍貴保存，而息影鄉間，渡其抱獨忍饑之生活。後顧墨三將軍迎往上饒第三戰區司令長官署小住，繼又赴陪都依其女公子。勝利後始回京，仍主持盋山圖書館。東大舊人，柳先生其為魯殿靈光矣。

南高東大文科舊人尚有顧實一人，別具風趣。此公籍無錫，聞與吳稚暉善。其如何來南高，為何人所推舉，知之未悉。然觀其儀容言行，確為一海派文人。平面無須，眼經常瞠視若有所思，足微跛，身穿棗紅寧綢袍，玄青寧綢馬褂，頭戴歐西式硬禮帽，喜乘包車來往於課室與一字房宿舍之間，人人為之注目。其所住之房兩門

之四塊玻璃上，以赭土大書「天人皆歡喜，晝夜恒吉祥，南無彌阿陀佛，南無彌阿陀佛」。其為詩也，詠曾文正有句云「英雄不拜拜人奴」。其講《說文》也，曰足乃象形，於是脫襪翹其足於講桌之上以示範。其為文支蔓拖沓無剪裁。然終南高東大之時，此公亦與王柳二先生同據講席，誠可詫怪之事也。

五、學衡社與東大精神

五四運動乃北京大學一大事，《學衡》雜誌之刊行則東南大學一大事也。蔡孑民先生以革命元勳主持北京大學，遂以革命精神領導北大，先後聘陳獨秀、胡適諸人為教授，發刊《新青年》，打倒孔家店，加以五四運動竟奠定外交上之勝利，於是革命精神彌漫全校，偏激詭異之言論，風起雲湧，不通蟹行文字之老師宿儒如林琴南輩竟無以應敵。然非舉國風從草偃也。余曾單獨發表一文論文學改良於《南高校刊》，不久梅光迪、吳宓諸先生連翩來校，與伯明先生皆感五四以後全國之學風，有越常軌，謀有以匡救之。乃編纂發行《學衡》雜誌，求以大公至正不偏不激之態度以發揚國學介紹西學。刊行之後，大為學術界所稱道，於是北大學派乃遇旗鼓相當之勁敵矣。

劉梅吳諸先生在此刊物中屢有精到之文發表，介紹歐西自希臘以來之人文主義，用優美平正之文言文敷陳之，文義並茂，無怪其能感人也。其時東大之高材生如張蔭麟、郭斌龢以文言文翻譯《梭格拉底之對話》與籃樸之《夢中兒女》，至今仍為最佳之譯品焉。此刊物之發行在餘個人亦為一種有意義精神活動。在《學衡》之第一二兩期即發表長二萬言《評嘗試集》一文，博引中外文學批評家之語以證胡適之主張之不當。此文出後，《新青年》《新潮》兩刊物中迄無人作一文以批評之，僅羅家倫曾作一譏諷口吻之短評而已。以後余曾作評論明清詩詞家之文多篇，同時主編詩詞選，頗引起外來嚶鳴以感，亦快事也。

當三數友朋集議編刊《學衡》，殊無結社之意，不過志同道合之人，共謀有一刊物發表其主張而已。此刊之能維持六年之久者，則吳雨生（宓）先生之功。創辦之初由吳雨生任總編輯，執筆者有劉伯明、柳翼謀、梅迪生、徐則陵及余，高材生如繆鳳林、景昌極、張蔭麟、郭賦穌等亦常作文，外稿亦時有之，大體皆精湛。當《學

衡》初出之時，周樹人曾作《估學衡》一文，預言此刊物之無甚前途。不謂竟刊行六年七十二期之久，《新青年》《新潮》停刊已久，而《學衡》尚能按期出版，不能不佩服吳雨生之毅力過人也。

實則《學衡》殊為不幸，刊行不久而梅迪生赴哈佛大學講學，劉伯明病故，余亦赴哈佛大學進修，終以東大發生易長風潮而舊人星散。余雖返東大，而柳翼謀與吳雨生皆以已脫離。自經此風波，各人之情緒已變，集稿已大不易，後來遂仗柳先生之《中國文化史》以充篇幅。及北伐告成，東大改組，則城郭是而人民非，《學衡》運動乃隨東大而消逝矣。若劉伯明不死，東大舊人不星散，則《學衡》或能多延若干年，其影響或能更大也。

梅吳兩先生性格甚不相同。梅先生名光迪，初號覲莊，後改號迪生，安徽宣城人，本與胡適之為好友，適之之《藏暉室雜記》中屢載與梅覲莊論學之言。適之本亦長於舊文學，迨後來欲以白話文為文學革命之工具，二人之議論乃不合。迪生至哈佛為白璧德弟子，深悉歐西之人文主義與孔子之學說不謀而合，自信益堅。歸國後即以提倡人文主義為己任，適逢劉伯明先生亦具有同感，乃有創刊《學衡》雜誌之計劃，先後曾發表名文多篇。惜梅先生不勤於著作，雖有崇高之理想，而難於發表，遂使其所蘊藏之內美，未能充分發揮，因而不能發生重大之影響，殊為憾事。胡適之嘗言「覲莊之病在懶，懶人不足畏」，不幸乃係事實。否則旗鼓相當，未知鹿死誰手矣。

梅先生來東大不數年，即往哈佛大學任中國文講席，在劍橋曾發表名文一篇，嘗有意為曾文正作傳記，亦病懶未就。其後則主講浙江大學。在抗戰期中，任參政員，曾把晤於重慶。勝利之前以貧病卒於遵義，惜哉。

吳先生於梅先生雖為同門，而性格殊異。梅先生溫文瀟灑，乃真名士。吳先生有關中樸學家之風氣，原籍三原，肄業清華，從而留學美國，天分非甚高而用功極勤，勇於負責，督教學生甚嚴，勤學之士咸感之。喜為詩而非有雋才，故五古雖多可觀，然不中程之作亦不少。其刊印詩集也殊少選擇，亦未能請名家為之刪定，遂使燕石瓊琚，雜然並陳，殊為可惜。至以拜倫自況，而發生一段羅曼史，似尤非白璧德先生信徒所宜有之事也。

南高東大在創辦之初，即受郭校長之領導，養成一種平正質樸之精神。自劉伯明、梅迪生、吳雨生、張歆海、樓光來、湯用彤諸先生連翩來校講學，學生對於歐西之文化，益有明確之認識，同時對於本國之文化，亦能為公正之評價，既不守舊，亦不驚新，於北方各大學之風氣，迥然自異，加以學生皆不參加政治運動，咸能屹立於政潮之外，故校中學術空氣特濃。此種精神，自《學衡》刊布以後益加強化，流風遺韻尚存於今日焉。

六、科學社對於東大之影響

科學社為民國初年留美之中國學生在康耐爾大學所立，發起人有胡適、任鴻雋、趙元任、胡明復、胡剛復、秉志、鄒秉文、竺可楨、楊銓、周仁諸人。北大以蔡子民之關係，所聘之教授多為留學歐洲者；南高東大則以郭校長之關係，所聘之教授多為留學美國者，無形中遂成為一重大之分野。至民五前後，科學社之發起人先後回國，多為南高東大所羅致，未在南高東大講學者只有胡適、趙元任、胡明復三人。任鴻雋先在北大，後亦來東大，繼劉伯明為副校長。胡明復則以創辦科學社之圖書館始終在上海。此諸優秀之科學家聚集於南高東大，於是南高東大之科學空氣乃日益濃厚，學科學而大成之學生亦指不勝屈，以視五四時代之北大但以文史著稱者迥不相侔矣。

一門學科在一學校之發達與否，每每繫於一二名教授之領導。南高東大得胡剛復為物理學教授，故以物理學成名之學生特多；有秉志為動物學教授，故以動物學成名之學生輩出。亦猶北大有丁文江、翁文灝、李四光為地質學教授，北大之師生遂稱霸於地質界；北大以李石曾主持生物系，遂使北大之生物系較東大落後十餘年也。

七、鄒秉文與東大農科

今日中國之農業科學有如此之成就，大部分應歸功於鄒秉文先生，殆非過譽。鄒先生原籍蘇州，而明敏幹練，凌厲奮發，無蘇州人！緩泄沓之習。鄒先生留學時在康耐爾大學治植物病理學，民國五年畢業得學士學位，即歸國任教於金陵大學。六年郭校長創辦農業專修科，聘鄒先生為主任，同時聘有原頌周先生。七年餘與張範村先生應聘為教授，同僚始共有四人。其時始招有學生兩班，共四十餘人。學生用之顯微鏡只有二十架，一切設備皆極簡陋，以視在

美國人所領導之金陵大學農科則望塵莫及也。然鄒先生一面擴充農場與設備，一面添聘教授，自來即以改良中國之棉稻麥為職志，又復計劃農村調查，與病蟲害防治。憑其活動之能力，得與江蘇省政府合作，設立江蘇昆蟲局，聘請美國加利福尼亞大學吳偉士教授主持其事，於是農業研究、農業推廣，乃有聲有色而為社會所注目。農業專修科改為東大農科以後，事業日益發皇，名教授日多，學生之數亦激增，農科乃成為最時髦之一科，在校內亦引起不少之齟忌焉。

以東大與金大兩農科之合作提倡改良中國之棉稻麥，不數年即收著效，尤以引種美棉收效特宏。中國原種之棉絨毛甚短，只能紡十六支之粗紗；美棉絨毛長，能紡三十二支之細紗。但美棉易於雜交與退化，必須以科學方法，育成純種，而教導農人只種一種純種美棉，斯能避免雜交退化之病。此等工作東大、金大兩農科盡力為之，於是江蘇之棉業乃大改觀，其後推廣至山東與陝西，農村大為富裕，中國之紡織業亦大受其利矣。

東大改組，以鄒先生為擁護郭校長之人，遂不得不去職。然不久商品檢驗局成立，由鄒先生主持其事。鄒先生為人明敏幹練而性剛，待人甚厚，辦事認真，無官僚政客之習氣。抗戰期間，陳光甫先生任貿易委員會主任委員，鄒先生任副主任委員，實則一切實際責任，皆由鄒先生負之，故有驚人之成績。然鄒先生雖在政府任要職，而不肯與要人相周旋，監察院於院長曾曲意納交而鄒先生對之殊淡然，因以招致於之反感。鄒先生與孔祥熙有舊，在貿易委員會時，應付孔令侃煞費心思，蓋徇情枉法非鄒先生所能為也。羅斯福總統私人秘書居里來重慶，見中國財政之紊亂情形，乃建言於蔣主席，認為能整理中國財政者只有陳光甫一人。蔣主席頗為所動。孔聞訊思欲倒陳，必先去鄒先生，又知於院長對鄒先生不滿，乃諷於劾鄒，於遂掃摭細故劾之，而鄒先生得停職處分，陳光甫遂將本兼各職一併辭去。貿易委員會於是解體，陳光甫亦不得長財政，中國之戰時財政亦無整理之希望矣。

鄒先生對於中國之農業建設有一周密之計劃，且曾出席世界糧食會議，又曾參與中美農業技術合作團，以三十年之努力，熟悉中國農業情形及農業建設之需要者莫如鄒先生，然政府方以農林部為

應酬政客之恩物，則農業建投之前途，尚未容樂觀也。〔註2170〕

10月，胡先驌參加院士會議感悟。

　　胡先驌回到北平之後，寫有參加院士會議之後感想，發表在《申報》，其文略謂：中央研究院成立已屆二十週年，於是始有院士之選舉，在鄭重籌備之下，使此不滿百數之著名學者博得一舉國承認之終身殊榮，似亦為政府重視科學之表現。然當此烽火連天、兵連禍結之際，政府究知重視科學與否？尚屬疑問，尤以在此次大會開幕典禮時，政府大員致辭竟不瞭解此次所選之院士在世界學術界之地位，發言幼稚，令人齒冷，柄國政者對於科學之缺乏認識，與夫平日漠視國內科學進步之情況，於此亦昭然若揭矣。〔註2171〕

11月1日，胡先驌致任鴻雋信函。

叔永吾兄惠鑒：

　　時局惡化有急轉直下之勢，瀋陽已失，不久華北即受嚴重威脅，聞傅宜生有退往綏遠之可能，各大學亦有南遷之議，靜所勢在必遷植物標本有二百箱之譜。圖書（約二百箱）及本所出版物約有四百箱，鳥類標本有百餘箱，尚未計算在內。弟意以鳥類標本全部送中央博物館，盼杭立武能設法由教育部補助靜所遷移費。但昆明種煙草所獲之款亦可先挪作此用。第一步遷至上海，再設法遷廬山。廬山上可用之房屋有傳習學舍，此大廈可住千人以上，共有四層。現廬山中學遷入其中，該校只有二百學生，恐占不到一半。此事須教部與江西省政府接洽，一面由弟與胡（胡家鳳）主席函洽，想無問題，並可請彼撥逆產數幢，以為同人之寄宿舍。如及早著手，靜所可以安全撤退，否則全部淪陷，萬劫不復矣。靜所南遷，杭立武以為然，請兄為此事赴京一行，與杭接洽，並催教部補助款，至以為要。

　　專此即頌

時綏

〔註2170〕　《胡先驌全集》（初稿）第十五卷人文科學文章，第609～617頁。
〔註2171〕　胡宗剛著《中研院院士胡先驌斥行政院秘書長甘乃光》，公眾號註冊名稱「近世植物學史」，2021年05月05日。

弟　先驌

十一月一日（1948 年）

詠霓恐有辭職可能，則教部補助及遷所兩事尤宜速辦也。〔註2172〕

11 月 3 日，胡先驌致任鴻雋信信函。

叔永吾兄惠鑒：

　　一日手書奉悉。一日所寄之函，想已收到。得確訊，傅將來守察綏衛駐平。現唐山慌亂已極，唐山工學院學生紛紛南下，共方廣播北平各大學校長均已派人，但在一二月內，平津似尚可保全。惟靜所南遷事不宜遲矣，靜所全部植物標本打包寄廬園郵費約五千金圓，卡片照片郵費亦不多，惟運書籍則需鉅款。第一，先須徵得袁守和同意，以書籍交換建築，或彼此互借，必得允許，方可著手打包，亦須費時不少，故請吾兄盡速與守和商洽。第二，除煙款外，借用在美國基金五千美金，以為遷移之用，如得教部補助，即歸還。此兩事望速辦，幸勿遷延至蹈抗戰時期全所淪陷之覆轍，至以為要。教部補助事仍請兄赴京面洽如何。

　　專頌

時綏

弟　先驌　拜啟

十一月三日（1948 年）〔註2173〕

11 月 5 日，胡先驌致任鴻雋信函。

叔永吾兄惠鑒：

　　昨函計達。國防部一船可供本所運公物，價八折，以本月十五日為期，過期即須供他機關使用，故乃一難得機緣（乃桂君之力），故決擬運四五十箱書籍、儀器等物。已電蔡希陶，電匯煙款一萬一千元以供遷運之用，前函請匯二千元亦請匯來。借牯嶺傳習學舍事，並酌撥敵偽產業二三所，以供人員寄宿。請與杭立武商洽，由教部

〔註2172〕　胡宗剛撰《胡先驌先生年譜長編》，江西教育出版社，2008 年 2 月版，第 500 頁。

〔註2173〕　胡宗剛撰《胡先驌先生年譜長編》，江西教育出版社，2008 年 2 月版，第 500 ～501 頁。

即日行文與江西省政府，則遷移不成問題矣。石駙馬大街房屋仍辦通俗博物院。本所仍由夏緯琨負責，大部分房屋可讓與圖書館使用。未運之圖書、標本仍存所中，但可集中在少數屋內。南運一部分圖書之事，請與守和商洽，作為互借亦可，或全部互換亦可。共方廣播各大學校長均已派人，可謂滑稽之至。然此間教育界人竟有不預備南遷者，北平研究院即不作南遷計，殊可怪也。詠霓堅辭不見客，教育部補助有辦法否？均令人焦慮之至。

　　專此敬頌

時祉

　　　　　　　　　　　　　　　　　　弟　先驌

　　　　　　　　十一月五日（1948 年）〔註 2174〕

11 月 6 日，任鴻雋致胡先驌信函。

　　步曾吾兄左右：

　　　連奉一日及三日兩緘，敬悉種切。關於此時北方局勢，除由兄及其他北方友人處不斷獲得消息以外，在京滬兩地可能覓得情報處所，亦經設法繼續保持接觸，良以應變。當前對於國運與臨近戰區之友人及有關機構，均以殷殷關切，兄處一切需要自當盡力之所及，勉為布置。茲特就兄最近幾緘提出之問題，概述如後，至希察及。

　　　弟於三日得一日前緘後，即派伯遵兄赴京與教部洽商靜所南遷及經常費事。今晨伯遵返滬，知遷移一層，教部根本不予考慮，因在平各國立學校尚未考慮及之也。經費方面亦大有周折，茲述此間籌劃經過。

　　　一、經常費：四日提前匯奉十一月份原預算額一千四百金元，度已先荷察收。政府規定公教待遇增發一倍半，臨時基保會目前結存僅有四千二百金元。本月份增加預算應為二千一百金元，日內即行匯奉。十二月份照新規定，貴所預算應合為三千五百金元，臨時基保會賬款已不數支付。是以種植煙草收入，望兄即速與蔡希陶君洽商，盡早以一部分撥匯上海或遷江，北平，以補足十二月份尊處不敷之數，如有餘款即可作為緊急費用。至種植煙草計劃，非俟昆

〔註 2174〕　胡宗剛撰《胡先驌先生年譜長編》，江西教育出版社，2008 年 2 月版，第 501～502 頁。

明具體報告到來，似尚無法作任何進一步之決定也。

二、申請政府補助費案：教部為貴所員工薪給第二次致政院呈文，係上月中旬發出，當時弟即催請院中從速核定，因戰事及經濟情形日見緊張，院會一時無從顧及到此種案件。故院中經辦人員利用變通辦法，交由主計部簽覆。該部以貴所無政府通過之組織法，對國庫擔負名額一事，以礙於定章，不便照辦。敝處得悉此項情形，立即要求主計部暫緩簽覆政院，以免成為僵局，並與教部商定，由教部去緘主計部說明，請為照原呈辦法辦理。如實不可能，亦望主計部簽注，給予較大數額之補助費。公文旅行遲緩，兄所彌知。伯遵兄輪流去京催已有數次，主計部簽文據昨日消息可能在下周內呈院，故下周初希望能有結果。在此進行補助費期中，弟曾一再商請教育部借墊貴所經費若干，但未能如願以償。如下周教部補助費能有眉目，當命伯遵兄前往國庫署坐索。

三、兄現時所急需解決當為南遷問題，此事第一要有經費，第二要有交通工具。目下經費問題既尚無著落，故整個遷移指難談及。如為同人安全計，擬移用煙草款項。弟擬最近期內，召開臨管會一為說明。至於整個計劃，或當容政府對留平各文教機關作何處置，方能解決。

四、動用美幣基金問題，非弟一人所能擅專，如俟完成合法手續，將款匯來，恐已復不濟急。惟弟仍即設法與中基會執行委員會及靜所委員會委員商談，看諸公見解如何。弟認為如部方能補助二萬金圓，即等於五千美匯，問題便不多矣。

弟 任鴻雋

十一月六日（1948 年）〔註 2175〕

11 月 9 日，胡先驌致任鴻雋信函。

叔永吾兄惠鑒：

十一月六日手書敬悉，教部不考慮助本所南遷，令人失望。得蔡希陶信，煙葉亦須至月底方能烤竣，而國防部船又有變卦，不能絕對控制，故大規模南遷已不可能，而招商局船乘客擁擠之狀況十

〔註 2175〕 胡宗剛撰《胡先驌先生年譜長編》，江西教育出版社，2008 年 2 月版，第 502～503 頁。

分可怕，故同人家屬南遷亦難實現。在同人決議只將植物標本提出一份與文獻卡片寄往廬園，以為三窟之計。弟摒擋家務完畢後，或攜眷南下駐守廬園，多留人員在本所暫時維持現狀。北平各大學似皆未考慮南遷，多因教部無此表示，而南遷之困難過大，難於克服也。補寄二千一百金元已收到。款既到，同人即主先發，下月不足之數再由煙款或教部補助款補足。蔡希陶之意煙葉初上市價必低，若能候至年後，則可得好價，故將盡可能少用此款。教部經費領到，望早撥發為要。弟十一月增加之一倍半，望盡速寄來，以應急需為感。

　　專此敬頌

時祉

弟　先驌　拜啟

十一月九日（1948 年）〔註 2176〕

11 月 10 日，胡先驌致任鴻雋信函。

叔永吾兄惠鑒：

　　九日手書敬悉，目下平津情形較京滬更為安靜，而經費與交通又復如此，基金會即主不動，自當審慎將事。惟弟家口甚眾，而平日言論又極為中共所疾視，北方局面究竟如何，殊難確保，故仍擬設法攜眷南下赴廬山植物園暫住，俾能安心研究。此間一切則暫由張肇騫負責，研究出版照常進行，想基金會亦可同意也。然究竟能否成行，尚不可定，弟先函告，冀得吾兄之諒解耳。靜所改隸教育部之手續，想正在辦理中。盼能自明年一月起照改隸後發員工薪津，再加以中基會補助，則好辦事矣。弟十一月份之增加薪及十二月份薪，請即日匯下，以供旅費之用，至以為感。

　　專此即頌

冬綏

弟　先驌　拜啟

十一月十日（1948 年）〔註 2177〕

〔註 2176〕胡宗剛撰《胡先驌先生年譜長編》，江西教育出版社，2008 年 2 月版，第 503～504 頁。

〔註 2177〕胡宗剛撰《胡先驌先生年譜長編》，江西教育出版社，2008 年 2 月版，第 504～505 頁。

11月13日，任鴻雋致胡先驌信函。

步曾吾兄左右：

昨奉九日來示，敬悉種切，弟九日亦曾上一緘，奉告八日靜所臨時基金會開會決議各項，想達覽矣。前緘所言教部補助費二萬元，係伯遵兄到京接洽希望之數額，近得知主計部審核結果，僅允五千元。弟雖已緘杭立武兄，請由部照此數墊發，未知何日乃得領也。蔡希陶君所言煙葉以遲賣為有利，自屬不易之論，好在靜所近既決定暫不遷移，自不須蔡君多為接濟。而廬園添置房屋尚需款項，故煙場之款亦以少移用為佳。兄十一月份薪津應補發之一倍半，已於九日匯寄，想收到矣。

時局發展變化無定，如北方能穩住，即無須遷移；如北方不能穩住，即京滬廬山亦難安居，徒多遷徙之勞，究非長久之計。故暫作觀望，亦未嘗非計之得也。來示言尊駕擬南下駐守廬園，而多留人員在平維持現狀，弟極贊同。惟以為如工作已難進行，則徑遣散一部分不必要之人員，似更為妥當耳。

匆復即頌

時綏

弟 任鴻雋

卅七、十一、十三〔註2178〕

11月16日，任鴻雋致胡先驌信函。

步曾吾兄左右：

十日來示奉悉。尊處十一月份加薪早已匯上，十二月份亦可於日內匯奉，請釋注念。昨日收到昆明匯來金元三千元，想是蔡希陶所匯，此款尚未收到，收到後即當轉寄尊處。惟弟頃得陳封懷兄來信（原信附閱），言山中物價飛漲，情形危急，希望設法接濟。如兄能於滇款中撥發若干匯廬，弟可於此間即為照辦，以省周折，請來信示知為盼。封懷來信多係關於房屋問題，此時靜所既決定不遷，則此問題亦不必談矣。

〔註2178〕 胡宗剛撰《胡先驌先生年譜長編》，江西教育出版社，2008年2月版，第505頁。

此頌

時綏

弟　任鴻雋

卅七、十一、十六〔註2179〕

11月16日，任鴻雋致陳封懷信函。

封懷吾兄大鑒：

十日來示奉悉。靜所南遷事，步曾先生雖曾有此提議，但難成
事實，因經費、工具兩皆無法解決也，教部經費一時亦不易到手。
昨得昆明匯來三千金元，頃已緘詢步曾先生，如分撥一部分到尊處
應急，當即照辦，請姑待之。步曾先生來信，渠本人仍即將南下，
暫住廬園，想已有信接洽一切矣。時局轉變甚劇，十年前舊史似將
重演，可慨歎也。此頌

雙綏

弟　任鴻雋

卅七年十一月十六日〔註2180〕

11月26日，任鴻雋致胡先驌信函。

步曾吾兄左右：

本月二十一日、二十四日兩示，均經奉到，敬悉一一。高度顯
微鏡在所中既是無用之長物，能變價以布置廬園房屋，解決將來南
遷時一部分困難，亦甚為得計，望速進行。同時文化機關清華似不
應乘人之急而圖佔便宜也。煤火費大約平館亦有困難，當如囑寫信
與守和一言，請其不必催索，中基會本年本已補助平館少許水電費，
但因年度未到，尚未發給。

承示府上度日情形，不勝同情之感，目下中產階級大半已淪為
乞丐，況文教中人本來是無產階級耶。不過昨據舍侄錫光自天津來
信似平津物價尚較滬上為低（如豬肉僅五元一斤，此間須十八元），

〔註2179〕　胡宗剛撰《胡先驌先生年譜長編》，江西教育出版社，2008年2月版，第505
～506頁。
〔註2180〕　胡宗剛編《廬山植物園八十春秋紀念集》，上海交通大學出版社，2014年8
月版。第091頁。

如兄早移家南來，則更難矣。兄十二月薪津已於二十二日由新華儲備銀行匯上，日來想已收到，匯費高得驚人，但亦無法可想。如清華買顯微鏡款收到，將來可作一部分之打兌，望早為告知是幸。佈雷先生服藥自殺大約另有痛心之處，近讀報上發表渠之遺書，尚嫌其未能痛快言之。然佈雷死後，在朝諸公求知彼之忠厚蘊藉，亦無其人矣，可歎可歎！餘不及。

　　此頌

時綏

弟　任鴻雋

卅七、十一、二十六〔註2181〕

11月27日，任鴻雋致胡先驌信函。

　　步曾吾兄左右：

　　　　昨復一緘，計已達覽。頃奉二十六日來示，敬悉一一。公教人員待遇辦法似尚未能作最後決定，現擬先匯上一千元應用，餘數俟後再補。匯費由會中暫墊，一切俟結算時再作區處可也。所中同人調整後能否照補，大成問題，因臨管會款項僅餘二千餘元，行告罄矣。在目下時局動盪中，教育部補助及改隸事均難有結果，本年，只好將就敷衍下去，明年再說。

　　時綏

弟　任鴻雋

卅七年十一月二十七日〔註2182〕

12月1日，胡先驌致任鴻雋信函。

　　步曾吾兄左右：

　　　　二十九日來示奉悉，前緘所言擬先匯尊處一千元。因得兄二十七日來示，言可由浙江興業令叔處轉匯，可免匯費，故未匯出。頃得來示，附來致令叔一緘，當即著人將此一千元先行匯上，至以後

〔註2181〕　胡宗剛撰《胡先驌先生年譜長編》，江西教育出版社，2008年2月版，第506～507頁。

〔註2182〕　胡宗剛撰《胡先驌先生年譜長編》，江西教育出版社，2008年2月版，第507頁。

再有匯款，是否即在清華賣顯微鏡款項內打兌，或仍由令叔處轉兌？
仍希示知照辦。據弟估計將來臨管會尚有約三千元，尊處本年薪津
亦尚可找補一二千元，可資打兌也。目下徐蚌戰事愈向南移，京滬
一帶不安程度與日俱增，一切款項之處置仍以速辦為佳。適之此來
未出任行政院長，就彼個人言未必不是好事，因目下時局恐非換易
一二行政當局所能挽回者也。報載北平各學校皆作不遷之決定，但
如時移勢易不知有何維持辦法，兄能隨時注意，並以所知見示，餘
不及。

　　此頌

時綏

弟　任鴻雋

卅七年十二月一日〔註2183〕

11 月底，解沛基拜訪胡校長，希望留在大陸。

　　在離開正大幾年以後，我去拜訪過住在北平的校長。那是 1948
年的初冬，大約 11 月底 12 月初，我去校長住的石駙馬大街的寓所，
他很高興地接見了我。記得那房間不大，堆滿了書，還生了火爐，
房間裏滿滿當當的，我們就在火爐邊談起來了。

　　我這次去的目的是問候老校長，同時挽留這位知名的學者留在
北平，為新中國的建設作貢獻，對此他談得不多，絲毫沒有要離開
北平的意思，談話很快轉到當年在中正大學的情景，他談得多的是
他在正大的學生。

　　我對胡校長說，我是土木系第二屆的學生，校長也許不知道我
吧。出乎我意料的是，校長說我知道你。他還提到了機電系的許實
章和農學院的幾位同學(名字我記不起來了)，接著他談到了熊振湜，
對熊振湜的死，他感到很惋惜，認為熊是一個很難得的人才，因患
傷寒病英年早逝，十分可惜。接著校長說起辦中正大學是要把學校
辦成第一流的，要培養出一批第一流的學生。這是他最關心的。所
以從一開始就延聘了一大批知名的教授，準備安靜的學習環境，愛

護學生，保護學生。對於當時在校的學生，特別是一批學習好的學生，他是很關心他們的。

他還問起我在哪裏工作？我告訴他在清華大學土木系教書，在清華的還有江作昭、黃克智（黃當時是研究生）。校長聽了很高興，囑咐我好好努力。望著坐在我面前的校長，突然感到有一種很親切的感情。〔註2184〕

11 月底，胡先驌接見地下黨楊伯箴。

北平解放前夕，解放軍包圍了北平，向北平呼籲和平解放。傅作義在中南海邀請北平學者名流徵詢意見，畫家徐悲鴻首先發言，要求傅作義顧全大局，順從民意，保全人民生命財產，使古城免遭戰火。胡先驌第三個發言，表示積極支持。傅作義於 1949 年 1 月 22 日率軍接受和平改編，1 月 31 日北平和平解放。其實，胡先生這時已經與我北平地下黨有了接觸。

這一接觸的情況是周世賢同志向我介紹的（周與我談這段歷史時為中國老齡問題全國委員會副主任）。北平解放前周在匯文中學讀書，並任學校地下黨支部書記。1948 年三四月間，白色恐怖加劇，部分同學轉移到解放區，周則繼續留下工作。組織上把掩護他的任務交給了馮鍾驥同志。馮是地下黨員，在崇德中學讀書，是靜生生物調查所馮澄如先生的兒子。有一段時期，周世賢就住在馮家。後馮澄如去南京，周世賢、馮仲驥就轉移到靜生所大樓地下室。他們以靜生所為據點，為黨做了不少工作。靜生所有架印刷機，他們收聽解放區新華社廣播，有重要消息就印刷傳播。1949 年新華社《新年獻辭》，就是他們用印刷品宣傳出去的。當時靜生所有兩位印刷工人對此很支持。靜生所還有些人也知道他們的活動，也都給以支持。

解放軍開始圍城時，周世賢負責參與景山地區和北大的迎接解放工作。組織上要他們做胡先生的工作，留在北平，並保護靜生所的標本、圖書和財產。先是由馮仲驥去看胡先生，胡見他年輕，提

〔註2184〕 解沛基著《我的懷念》。胡啟鵬主編《撫今追昔話春秋──胡先驌學術人生》，北京燕山出版社，2011 年 4 月版，第 264～265 頁。

出要見中共高級正式代表。經組織研究後，由楊伯箴同志親自去看
胡。楊當時為地下黨北平中學委員會書記，30多歲。楊見胡後，胡
接受了黨的意見，留在北平，並保護靜生生物調查所。楊伯箴解放
後曾任高教部副部長，已於幾年前去世。否則的話，可將當時與胡
見面商談的情況講得更詳盡些。〔註2185〕

12月3日，胡先驌致中正大學信函。

〔註2185〕黎功德著《胡先驌解放前夕與我地下黨的接觸》。胡啟鵬主編《撫今追昔話
春秋——胡先驌學術人生》，北京燕山出版社，2011年4月版，第322頁。

粵中名山多奇峰　煙巒幻出千
芙蓉　誰雄遠與庾閒通鳥道
懸絕稀人跡千年古木如虯龍
時生佳卉羅珍叢風柯紛披葉
蔥蘢花苑如蝶酡顏紅枝頭桐來葉
三白頭翁姑如公鳳棲刺桐呈
今初逢移根所未見名山久閟
國凡卉空自來珍物不世出宜萬
乃為萬仙鮑姑所　一洗萬
著篇什歌豐功任公德業人所
崇以名奇葩傳無窮彩繪者
誰澄如馮錫名家誰陳韶鍾
任公豆歌為
叔永吾兄方家作
步曾弟胡先驌

1948年胡先驌題詩《任公豆歌》，馮澄如繪製《任公豆圖》，任公豆是陳煥鏞命名發表的一種豆科植物，以任鴻雋先生的姓氏為該新屬取名作「任公豆屬」。以此書畫贈送任鴻雋，讚頌他為我國科研事業做出卓越貢獻

由於時局關係，戰火尚未蔓延至南昌，中正大學尚能維持上課。這與北平情形大相徑庭，在中正大學前校長胡先驌言說中可見端倪。中正大學曾接胡先驌來電稱，北平緊張，欲遷眷屬南下，但缺少旅費，願將所藏國學書讓售中正大學，以濟眉急。由此可見北平是如何的人心不穩。〔註2186〕

12月7日，胡先驌致任鴻雋信函。

叔永我兄惠鑒：

手書敬悉，匯來千元亦已收到，顯微鏡已買外匯支票一千五百美元，照市價約合七萬餘元，現正託人設法購買央行黃金，如能成功，更可多獲，不但廬園房屋可以蓋成，同人十二月薪津亦可照五倍發給，尚有餘款可以應變，不得不謂非僥倖也。一月份起盼中基會每月以四百美金支票見寄，則本所可以維持荒饉。以官價給與金元則吃虧太多矣，此點務乞注意為感。此信收到後，請匯一千元至

〔註2186〕《國立中正大學第二十九次檢務行政會議記錄》（1948年12月3日），江西省檔案館城，檔號：J037-1-01190-0188。高志軍著《政治與教育的互動：國立中正大學研究》，2021年12月華中師範大學博士學位論文，第311～312頁。

南昌孺子亭七號與小兒德熙，以後弟之補加數及明年一、二、三月薪津均可由此間匯劃，不支即辦。匯寄三萬金元與封懷，以後當擬寄數千元與之作標本櫃也。邇來此間軍情亦緊，物價日日上升，真不了也。

　　專頌

日祉

弟　先驌

十二月七日（1948 年）

　　此間各校均無遷移之準備，一部分人在必要情況下或將南下，又及。〔註 2187〕

12 月 7 日，任鴻雋致胡先驌信函。

　　步曾吾兄左右：

　　　　前得上月二十九日來緘，附有致令叔胡漱岑先生一緘，當即將尊款一千元交浙江興業銀行匯上。昨聞此匯平之款已不須貼水，因將十二月份靜所經費二千五百元交由大陸銀行匯上，想兩款已如數收到矣。靜所經費此間臨管會僅餘數百元，本月如尚需款，只有由滇場匯款接濟。如兄以為滇場之煙不宜早賣，則只好向他處挪用（如賣顯微鏡之款可暫移借），請斟酌辦理並示知為盼。公教人員待遇，行政立法兩機關正鬧得甚囂塵上，恐一時尚難得定論。會中研究教授薪津擬不照政府規定調整，而由會中自定一數目，以圖直捷。兄前緘言欲將薪津一個月寄南昌孺子亭德熙世兄處，茲請以一定數目見示，以便照辦，餘則以寄尊處可也。平中近來情形如何，得漸趨安定否？餘不及。

　　此頌

時綏

弟　任鴻雋

卅七年十二月七日〔註 2188〕

〔註 2187〕　胡宗剛撰《胡先驌先生年譜長編》，江西教育出版社，2008 年 2 月版，第 508頁。

〔註 2188〕　胡宗剛撰《胡先驌先生年譜長編》，江西教育出版社，2008 年 2 月版，第 509頁。

12月7日，胡先驌致林一民信函。

　　　　電報內容：望城崗中正大學林校長一民兄，電悉急希照議讓售書籍，款請電匯，郵運費另算。

　　　　批示：電匯書運費共三千元，請其選讓。

　　　　（鄭瑤先生提供）〔註2189〕

12月8日，胡先驌致林伯遵信函。

伯遵先生惠鑒：

　　　　四日手書敬悉，驌於四日抵平，一路安善。廬山植物園經費以後按月直寄陳封懷先生可也。此間連日大雪，氣候甚寒，滬上不知如何？

　　　　專此即頌

冬綏

　　　　　　　　　　　　　　　　　　　　　　　　　胡先驌

　　　　　　　　　　　　　　十二月八日（1948年）〔註2190〕

　　12月10日，《孫閣應執行中偏左政策——經濟危機為整個危局之主因》文章在《世界日報》發表。摘錄如下：

　　　　翁內閣登臺時，國人曾寄以莫大之希望，果然不久即改革幣制，取締投機，凍結物價，減輕利息。尤以上海副督導員蔣經國之不畏強暴，不顧情面之「打虎」精神，一時轉換舉世之觀瞻，以為國人期待日久望眼欲穿之國民黨不流血之革命，終於出現。物價因而平定者，才將一日。乃以軍事失利，人心動搖，而豪門奸商之潛勢力又非政府所能克服，於是呈百業停頓，日用物資枯竭，舉國皇皇，萬民嗟怨之現象。卒之政府被迫不得不取消限價政策，黃金白銀復准買賣，於是物價以直線爆騰，金圓繼而貶值五倍，黑市又復猖獗，一切一切恢復到改幣以前現象。所苦者中產階級恪守法令之人，以汗血所積之少量黃金銀圓，遵限兌換而得破產之結果。蔣經國氏之失敗，即國民政府之失敗。翁內閣因而引咎辭職，不知引起若干愛國人民之慨歎。陳布雷先生之死，亦為此一串環境有以促成之，豈

─────────────────────

〔註2189〕江西檔案館，檔號：J037-1-00683-0120。

〔註2190〕《胡先驌全集》（初稿）第十七卷下中文書信卷，第436頁。

不痛哉！

　　翁閣失敗以後，曾一度盛傳擁某無黨派之名流出而組閣，以一新中外之視聽，藉以表示國民黨以天下為公之精神，迎合自由愛國分子以組一舉國擁護之內閣。此事國民黨元老主張之，友邦人士擁護之，總統蔣公亦然其說，果然實現，必能一新舉世之觀聽而收得良好之效果。然不知何故此事就成泡影。於是舉黨一致之孫內閣卒以得立法院絕大多數之票選而告成立。

　　孫氏在滬發表其施政方針，謂將努力提高行政效率，革除積弊，建立有力而有效率之內閣，使對各項政務，能迅作決定之實施。擴大中政會之組織，以期實現立法機關與行政機關之合作。今後財政將力求開源節流，希望一次財產稅能獲得通過實行，並將裁撤若干平時或駢枝之機關。改善公教人員之待遇，為彼等解除生活之憂慮，使能安心為國家服務。國防部亦將改變組織，並公開聲明期望美國軍事者碩如麥克阿瑟者來華指導軍事。凡此種種，皆表示孫氏有大改革之決心，用能取得國民黨內各派系之擁護，而美國一部分報紙對孫氏倍為讚譽，以為將執行執中偏左之政策，甚至譽為不亞於英國工黨內閣諸領袖。中外各方對於孫氏期待如此之殷，則彼必須兢兢業業提出完美無缺之施政方針，以期能切實執行收得預期之效果，庶幾危機可以挽回，而不至蹈翁閣之覆轍。

　　然新閣果有執行執中偏左之決心與能力？中國今日之經濟危機不在軍事危機之下，而政治危機亦以經濟危機為主因。今日中國之財富皆集中於豪門奸商之手，若孫內閣果有英國工黨諸領袖之賢明與睿智，而又得舉黨一致之支持，則少數豪門之經濟力量即足以解決當前經濟困難。普遍徵收之一次財產稅並非大局之所關，但若能如願徵收財產稅，則尤能因□咸宜矣。經濟有辦法，則士兵待遇可以改善，士氣可報，戰局必能改觀。經濟有辦法，則公教人員之生活可以安定，貪污可以養餂，行政效率可以增加。經濟有辦法，則通貨可以不繼續膨脹，而物價可以安定，人心可以挽回。經濟有辦法，則不必對於農民徵購徵實，剝削無已。經濟有辦法，則可獲得國外之支持，不求美援而美援自來，自救亦以救世。凡此皆舉黨一

致之內閣所能辦到,如若不能,是不為也,非不能也;否則即非舉黨一致之內閣也。

英國工黨執政,其軍事雖無危險,而經濟危機則遠勝於我。然以其執政者之賢能與公正,以身作則,以臥薪嘗膽之精神,朝野一致以極端之節約以克服其經濟危機,恢復生產。故在美援三十七億用罄之後,不難再獲得馬歇爾計劃之援助,終於日趨坦途,且能使全國性社會保險制度實現於滿目瘡痍之今日。其成就之偉大,可謂亙古無匹。孫內閣果可與英國工黨政府各領袖相提並論乎?果有與之相若之才能毅力以挽回此迫於眉睫之危機乎?孫內閣之成敗為國民黨與國民政府成敗之所繫,亦即為舉國人民安危之所繫,亦即所謂只許成功不許失敗者,孫內閣其勉之哉!〔註2191〕

12月15日,參加由傅作義將軍主持的關於北平戰和前途的座談會,支持北平和平解放。自傳載:「北京解放前夕,我曾參加傅作義所召集的餐會,我勸他和平解放北京。但我的思想還未打通,曾想去臺灣。」〔註2192〕

12月15日,胡適建議蔣介石速派飛機「搶救」北平文化界名流。

12月15日,胡適、陳寅恪、毛子水等二十五人乘坐兩架飛機南下,胡適一到南京,建議蔣介石指定一個三人小組,由蔣經國、傅斯年、陳雪屏組成,負責速派飛機「搶救」北平文化界名流。傅斯年、陳雪屏在第二天,即開出名單,以加急電報發給平津路政局局長石樹德,朱光潛被列為因政治關係必須撤離的人員之首。〔註2193〕

1948年12月15日,參加傅作義主持的座談會。

(傅作義將軍)在中南海懷仁堂召集師長以上人員,秘密研商和平問題。12月中旬,邀請徐悲鴻、楊人楩、胡先驌、馬衡、葉淺予等教授名流,座談謀和問題。大家一致殷切盼望和平,不要戰爭。楊人楩教授說:「如果傅將軍能順從民意,採取和平行動,作為一個

〔註2191〕 《胡先驌全集》(初稿)第十五卷人文科學文章,第618~619頁。
〔註2192〕 胡先驌著《自傳》,1958年。《胡先驌全集》(初稿)第十五卷人文科學文章,第656~659頁。
〔註2193〕 宛小平著《朱光潛年譜長編》合徽大學出版社2019年9月版,第227~228頁。

歷史學家，對此義舉，一定要大書特書！」〔註2194〕

【箋注】

傅作義（1895～1974），字宜生，山西榮河（現萬榮）縣人。1930年參加閻、馮反蔣戰爭，任津浦線總指揮。抗日戰爭時期，歷任第七集團軍總司令，第八、第十二戰區副司令長官、司令長官兼綏遠省、察哈爾省政府主席。抗戰勝利以後，任華北剿總司令。1949年1月底，接受中共提出的和平解放北平的條件，率部起義，對北平和綏遠的和平解放作出了重要貢獻。1949年後，歷任中央人民政府委員，水利部、水利電力部部長，長達二十二年之久，為新中國水利事業的發展作出了重要貢獻。第四屆全國政協副主席，國防委員會副主席。是第二、三屆全國政協常務委員，第一、二、三屆全國人大代表。

12月17日，蔣介石要求傅作義安排四類在北平六十二位學者接回南京。

12月17日，蔣介石發電報給傅作義，要求傅作義幫忙安排指定的六十二名學者搭飛機到南京，撤離北平，電文如下：

北平傅總司令宜生兄，口密。（一）在平教育行政負責人為：「梅貽琦」「李書華」「袁同禮」「袁敦禮」、李麟玉、陳垣、「胡先驌」、湯用彤、「馮友蘭」、葉企蓀、饒毓泰、陳岱孫、「鄭天挺」「賀麟」、鄭華熾、沈履、霍秉權、褚士荃、黎錦熙、溫廣漢、黃金鰲、徐悲鴻。（二）因政治關係必須離平者為：「朱光潛」「毛子水」「丘椿」「張頤」「陳友松」、劉思職、「梅貽寶」、齊思和、雷宗海〔案：應為雷海宗〕、劉崇鈜、戴世光、邵循恪、吳澤霖、趙風喈、敦福堂、張恒、金澍榮、「英千里」、張漢民、徐侍峰。（三）在平之中央研究院院士為：「許寶騄」、張景鉞、陳達、戴芳瀾、「俞大紱」、李宗恩。

（四）學術上有地位，自願南來者，如「楊振聲」、羅常培、錢思亮、馬祖聖、趙乃摶、錢三強、嚴濟慈、張政烺、沈從文、邵循正、鄧廣銘、李輯祥、孫毓棠、蒯淑平。請兄分別疏導，即日南移，如獲彼等同意請速行，可派機或備船接運。其搭機人員並請兄代排訂次序電告，尤以有括弧者，務須來京，如何？請速電覆中。〔註2195〕

〔註2194〕 傅作義生平大事紀要。中國人民政治協商會議全國委員會文史資料研究委員會編《傅作義生平》，文史資料出版社1985年6月第1版，第461頁。

〔註2195〕 《蔣中正總統文物》，國史館藏，卷名：武裝叛國（一七四），典藏號：002090300197213，1948-12-17。宛小平著《朱光潛年譜長編》合徽大學出版社2019年9月版，第227～228頁。

12月，胡先驌勸傅作義認清形勢，和平解放北京。

> 我在那時候完全沒有認清局勢，直到北京圍城時，才知道北京一定會被解放，所以當傅作義請吃飯的時候，才勸他和平解放北京，犯不著為蔣介石犧牲。〔註2196〕

是年，胡先驌等發起《陳煥鏞先生創立國立中山大學植物研究所二十週年紀念大會籌備會啟事》。

> 陳煥鏞先生創立國立中山大學植物研究所二十週年紀念大會籌備會啟事

> 陳煥鏞先生早歲留學美國哈佛大學，專治植物分類學與森林學，歸國後首先深入海南採集植物，為攀登五指山極峰之第一人。嗣任教於金陵大學與東南大學，領導學生從事研究，卓有成效，其所編著之《中國經濟樹木學》，為此學之嚆矢。北伐告成後，轉任教於國立中山大學，創立農林植物研究所，大規模採集研究兩廣與海南之植物，搜羅此區植物標本之富甲全世界。又復廣移珍卉異木於校園內外，學人莫不欽佩其所編纂之為中國治植物分類學之權威刊物，久為國際所重視。其教導學生，指循善誘，多成美材，對於共學之僚友，極盡協助切磋之能事，而學與年進，窮年不知老之將至，其治學精神尤為後學之模範。今年為先生主持中山大學植物研究所之二十週年，同人等或為僚友、或為受業、或為後學，感於先生領導中國植物分類研究之勳績，定月日在中山大學植物研究所召開紀念大會，以資慶祝，發表紀念特刊，並發起募集陳煥鏞紀念獎學基金，以為中山大學植物研究所清寒研究生之助，以志不忘。淨希海內賢達，同門學友，襄茲盛舉，無任感荷。

> 發起人：胡先驌、蔣英、吳印禪、錢崇澍、汪振儒、李沛文、陳嶸、周宗璜、孫仲逸、張肇騫、孫雄才、何傑、唐進、唐耀、鍾濟新、汪發纘、王啟無、沈鵬飛、秦仁昌、俞德濬、劉棠瑞、方文培、陳封懷、熊大任、鄭萬鈞、曾勉、侯寬昭、孫祥鐘、蔡希陶、吳長春。

〔註2196〕 胡先驌著《對於我的舊思想的檢討》，1952年8月13日。《胡先驌全集》（初稿）第十五卷人文科學文章，第629～640頁。

如蒙惠賜鴻文及基金，請寄交國立中山大學植物研究所侯寬昭先生收轉，陳煥鏞先生創立植物研究所二十週年紀念籌備會，以便由會奉交正式收據。〔註2197〕

是年，任鴻雋為廬山森林植物園多處籌集資金。

任鴻雋還為植物園的造林及茶園、果園之開闢致函蔣夢麟，請求農村復興委員會予以補助。這些請求雖費不少心血，而於事所補甚微。無論如何，植物園事業總得維持，除此尋求外部援助，植物園員工還在陳封懷的組織下，積極開展創收，利用與國外農林機構種子交換關係，出售種子，以此所得美金彌補經費之不足。陳封懷將自己當時在南昌中正大學兼職任教所得也用以貼補開支，王秋圃有回憶曰：「1947年初，我在南昌失業，很是沉悶，5月初接到陳先生從廬山來電報。叫我就去廬山，我非常興奮，馬上就上山。在那時的生活是十分清苦的，記得有幾次我們職工沒有糧吃了，陳先生從南昌大學（中正大學在四九年後改名為南昌大學），領來的薪金，除自己一家生活之外，都給我們用了，並靠自己種洋芋來補充糧食，但是由於工作非常有興趣，環境又優美，也忘了清苦，好像置身世外，過隱居生活一般。」〔註2198〕

是年，《中國植物區域》文章在《思想與時代月刊》（第52期，第5～10月）發表。摘錄如下：

中國地處東亞大陸，幅員廣袤，地形複雜，氣候具寒溫熱三帶性質，自中生代以來，大部分未為海洋所淹沒，為羅納西（Laura sia——即歐亞北美三洲聯合而成之北半球大陸，乃杜陀亞Du Toit氏創之名詞）種子植物，尤其是被子植物，發達之中心。至第三紀造山運動以後，特西士海（Tethys Sea）之在亞洲者一變而為喜馬拉雅山脈與西藏高原，遂將中國大陸與岡德頑拿大陸（Gondwanaland）之印度聯合，而北方氣候變冷而乾燥，遂使環北極海與安加拿（Angara）

〔註2197〕 《胡先驌全集》（初稿）第十七卷下中文書信卷，第485頁。

〔註2198〕 王秋圃王秋圃，《自傳》，武漢：中國科學院武漢植物研究所檔案。胡宗剛著《靜生生物調查所史稿》，山東教育出版社，2005年10月版，第210～211頁。

及南大陸之植物分子大量羼入，益增其複雜性。又以在冰期中冰河不甚發達，復無大海與沙漠以阻止冰期熱帶性植物之南遷，故古代植物保全者特多。如水杉（Metasequoia）、金葉松（Pseudolarix）、油杉（Keteleeria）、穗花杉（Amentotaxus）、紫荊葉（Cercidiphyllum）等在歐洲、北美洲已絕跡者，在中國則巍然猶存。故中國植物種類之繁多，甲於溫帶。北美洲之樹木不及一千，中國之樹木幾三倍之。印度某植物學家曾統計世界雙子葉植物之木本屬，中國幾占百分之九十五，可見其繁多矣。

以植物發生遷徙雜糅之時代與地域不同，故中國可劃為若干植物區域。過去中外人士皆有此企圖，而以最近李惠林教授所分者最精到，共為十四區，茲按其所分區域略論之如下：

一、華南沿海區

此區包括浙江之最南部、福建全省與臺灣、江西之南部與東南部、湖南之東南部、廣西之東部，除去雷州半島與海南。此區在南部與東部以海為界，在西北以南嶺為界。南嶺為揚子江與西江之分水嶺，為一重要地理界線，亦為一氣候界線。在此以北為潮濕之亞熱帶氣候，在此以南為熱帶乾濕相間之氣候。此區之地形為小山與較低之大山廣布於全境，通常之大山高約一千至三千公尺，惟臺灣境內始有四千三百公尺以上之高山。其全年平均溫度在攝氏二十至二十四度之間，其全年平均雨量在一千至一千六百公釐之間。此區又可分為三亞區：1. 閩海亞區，2. 粵海亞區，3. 臺灣亞區。閩海亞區與粵海亞區以武夷山脈為界，閩海亞區內，遍布崇山峻嶺，故多特有之植物，但以古代有橫斷山脈自雲南直走臺灣，故此區植物與雲南頗多有相同之處。如福建柏（Fokienia）在福建與臺灣皆為主要林木，即其一例也。

此亞區除特有之種類外較多日本與臺灣之分子，較少印度、馬來與南海之分子。粵海區自韓江以東地勢平衍，僅粵贛邊境有高約一千公尺之大山。此亞區多熱帶與亞熱帶之種類，北溫帶之分子則生較高之山上，喜馬拉雅與華南之分子，亦頗有之。臺灣亞區在第三紀之末、第四紀之初與大陸毗連，一方面與琉球群島及日本九州亦連成弧狀。故其植物一方面與雲南極為近似，如雲南與臺灣各有

一種臺灣杉（Taiwania），而他處則無之；一方面亦含有日本琉球之分子，但從未與菲律賓相連，故甚少菲律賓與澳洲等地之分子。又臺灣雖多海南產之植物，但大體說來，與海南屬於不同之植物區域。蓋海南與印度支那東部之植物極為近似，而臺灣則否也。臺灣特產之植物亦甚多，但與臨近之菲律賓較則不及矣。

二、東京灣區

此區包括海南島、雷州半島、廣東西南部、廣西南部及安南之東京灣之一部分。此區之東西北三面之海岸圍繞東京灣，有共同之植物。海南島在雷州半島之南，僅隔以狹窄之雷州海峽，其北部甚低，南部則多山，五指山在山區之中央，高至二千一百公尺。此區之大陸部分為低地或山區。全區有一潮濕之熱帶氣候，平均溫度在攝氏二十四至二十五度之間，雨量在一千至一千八百公釐之間。海南島在中生代與大陸相連，而馬來群島亦曾與東區大陸相連，故此區之植物富有印度、馬來分子，此與臨近之臺灣殊異者。以山區較臺灣之高山為低，故松杉植物各屬遠較臺灣為少。如紅豆杉、穗花杉、臺灣杉、油杉、雲杉、帝杉、鐵杉、樅、花柏、檜諸屬皆臺灣所有而海南所無者也。又溫帶性或高山性之被子植物有多屬為喜馬拉雅或日本琉球所產者，臺灣有之而海南則無之。至海南所有而臺灣所無之裸子植物則有爪哇羅漢松（Podocarpus javanicus）與淚杉（Dacrydium pierres）。海南產之被子植物而為臺灣所無者尤夥，而龍腦香科之 Vatica 與 Hopea 兩屬產海南而為臺灣所無，尤堪注意。蓋此科本魏勃線（Weberline）以西之馬來區域之主要植物，故海南有之而臺灣無之也，然兩帶共有之熱帶植物亦甚夥。

此區之大陸部分所產之植物之性質與海南島大概相同，多為馬來與印度支那之種屬。但海南之特產種而為大陸上所未有者亦甚多，大體言之，此區之植物與印度、馬來區所有者極為近似，亦有菲律賓之分子，與臺灣共有之種類甚多，與中湄公河區亦有關聯，而非近似，與喜馬拉雅區之植物則關係甚為薄弱。

三、中湄公河區

此區包括湄公河流域之中部，如雲南南部、暹羅北部、緬甸東

北部、印度支那之老撾等區域。此廣大區域之地形與氣候相同，在西北為西藏高原所限，在東南則以元江為界。其地勢頗高，山峻谷深，密生熱帶之叢莽。此區植物與印度馬來區之關係，較中國任何其他區域為密。在雲南中部與南部，其森林可分為三大類，一為松林，一為櫧櫟林，一為熱帶雨林，而櫧櫟林尤為發達。油杉、福建柏亦甚多，福建柏所成之森林有樹海之稱。普洱茶（Camellia assamica）野生甚為普遍。熱帶雨林多生在櫧櫟林之下，極為茂密，老藤糾結其間，不易進入。大樹多高至一百英尺以上，枝幹之上，附生有蕨類及蘭科、天南星科植物。此種森林可分為四層，上面之高樹可分為二、三層，下面一層則為小樹與灌木，草本植物層，僅發達於溪邊或向陽之地，在山谷或溪邊，有簇生之大龍竹，另一種大竹每成大片純林，在乾燥山谷中，則肉質植物與矮小多刺之灌木至為普遍，在沖積土上則生斑茅（Saccharum）、白茅（Imperata cylinsrica）、蘆葦等草本，在陡坡與乾燥山谷之礫質土壤，則多生有刺之莽與肉質植物，在草原森林中則生疏生之大葉常綠樹及較矮之樹。

此區之植物以印度馬來區之種類為主，亦富有特產之種屬，與喜馬拉雅區之關係甚少，就雲南南部而言，其東部與安南之植物相近，南部與暹羅之植物相近，西部與緬甸植物相近。

四、中國喜馬拉雅區

此區包括廣大之西藏高原之東部與北部，其平均高度為三千公尺，較西藏高原之大部分低下一千五百至二千公尺，但較中國其他區域為高。此區包括雲南之西北部，西康之大部分，甘肅之西部，四川之最西部與相接之東部喜馬拉雅印度。此區之河川在境內均南北流，將山嶽切成山谷，因山谷之險峻，故發達有大量之特有種屬，多種東亞溫帶植物在此區發生，而向東傳佈。此區以地勢甚高，氣候屬於涼溫帶，故其主要植物多為涼溫帶習見之落葉喬木與灌木，與針葉林以及甚高之草本植物。此區美麗之喬木與灌木種類異常豐富，尤以三百種杜鵑最為著名。自三千至三千五百公尺之處為亞高山帶，此帶之森林幾全為針葉林。近水之處則有數種樺木與白楊。

除森林外則以藪地為多，多生灌木、粗大草本與不能深入之矮竹叢薄。自三千五百至三千八百公尺處，則為樅與雲杉之純林，再上則為落葉松之純林，至四千公尺則為樹木分布之界限。以上為高山帶，以草本植物為多，以報春花 Primula 二百五十種、綠絨蒿三十種，最以美麗著稱於世。此區之木質植物帶以四千七百公尺為界，草本植物帶以五千五百公尺為界，再上則為積雪線。

此區之植物完全屬於喜馬拉雅區之性質，與印度馬來之關係極少。然在山谷中，氣候溫暖，有暖溫帶與亞熱帶植物。在雲南邊境之乾燥山谷中，則生有常綠櫧櫟林與亞熱帶旱生植物，此顯為印度馬來區植物沿南北向之山谷北侵也。在俅江與怒江山谷中，在松樅林下二千公尺以下即驟變為雨林，此種雨林與雲南南部者相同而較矮，然種類多相同，此亦為中湄公河區植物向北之延伸也。

五、中國西南高原區

此區包括貴州全境、雲南東北及東部、廣西西北部之一半、西康之東南部、四川之南部、湖南之西部。此區在北面以揚子江為界，在西面以西藏高原為界，南面以雲南邊境為界，東面以湖南西部諸山為界。此區乃一高原，有高山與深谷，其山區為甚多之河流所分割，除雲南若干盆地外甚少平坦之地。其地勢較西藏高原為低，其西部較高，平均一千三百公尺，東部約高六百公尺。此區有亞熱帶氣候，雨量亦富。為各區植物分子之集合地，故其植物最複雜而種類亦最多，同時亦極富有特有之種屬與科。此區自中生代以來從未為海所淹沒，與中國喜馬拉雅區之在第三紀造山運動時自海底伸出者不同，故為中國被子植物之一發源地。因而亦富有古代之孑遺種屬，如成一新科之穗果木（Rhoiptelea chiliantha）、喙核桃（Rhamphocarya integrifolia）、芮德木（Rehderodendron）為其最著者，櫧櫟林亦甚發達。

六、揚子江上游區

此區包括四川省之大部分，惟除去西部與南部，又包括甘肅之東南部、陝西之西南部與湖北之西部。其北界為秦嶺山脈，其西界為西藏高原之邊境，其南界為中國西南高原之邊境，其東界為華中

湖沼區平原。此區包括四川最著名之四川紅土盆地，在其北境包括
漢水上游之盆地。此區之氣候屬於暖溫帶，秦嶺為華南與華北植物
之主要分界，頗多之南方種屬皆不逾越秦嶺，甚多屬木本植物只見
於東亞與美洲東部者皆集中於此。稀有之屬如紫荊葉
（Cercidiphyllum）、水青樹（Tetracentron）、雲葉（Euptelea）、杜仲
（Eucommia）、珙桐（Davidia）、喜樹（Camptotheca）等多屬，皆產
於此區。而最近在萬縣利川所發現之水杉（Metasequoia），尤為中生
代以來歐亞美三洲之孑遺。但此區植物亦有分布至廣，遠至西伯利
亞、日本、朝鮮及喜馬拉雅東部者，具見此區植物之複雜性。此區
植物大體屬於溫帶性，與中國西南高原之屬於亞熱帶性者有別，此
區亦為中國植物一重要發源地，發源於第三紀造山運動之前。

七、華中湖沼區

此區包括華中各大湖沼盆地，洞庭湖在其西、鄱陽湖在其中、
巢湖在其東。此區之北界為秦嶺、西界為鄂西諸山、東界為皖南諸
山、南界為南嶺。此區除豫皖、鄂贛、湘贛邊境諸山及廬山外，皆
係沖積平原與揚子江有關之大小湖沼。此區地勢平衍，而土壤常時
變動，故特有之種屬殊少。最著者為金葉松（Pseudolarix）與鵝掌楸
（Liriodendron）等孑遺樹木。大多數植物皆分布甚廣，然亦頗複雜。
此區之植物與揚子江上游區至為相近，有多種在前區發現之植物，
近年亦在此區中發現。此區中山毛櫸科與樟科亦有之，但不若在西
南各省為多，江西之樟樹乃此區中最大之樹。

八、華東沿海區

此區包括江蘇之南部、安徽之南部、浙江之大部分，惟浙江南
部除外。此區之西北界為揚子江，西南界為贛閩交界之武夷山脈，
東界為海。此區與華南沿海區無顯明之分界。此區多山，惟江蘇南
部除宜興外，多為平原。此區之植物屬於暖溫帶性與華中湖沼區相
近，有少數之特有種，如榧（Torreyagrandis）、（木捷木克）木
（Sinojackiaxylocarpa）、山核桃（Caryacathayensis）等。此區之植物，
多屬於分布甚廣者，西南北各區常有之，但揚子江上游區之植物在
此區究不多見，但聞有日本之特產種。

九、華北平原區

華北大平原包括河北之大部分，山東之全境，河南之東部與江蘇、安徽之北部。此區為一極廣大之平原，廣被以吹來之黃土。其東界為海、西界為太行山，以與山陝高原分界。此山脈自東北向西南行，伸入河南西部，北界為燕山山脈。此區大部分為沖積平原，只有山東半島有山，但其地形雖殊，而其植物則屬於此區，惟有一部分日本、朝鮮與華中所有之種類，與滿洲南部相似。此區甚少特有之種類，但屬於北方之植物頗多，大多數植物皆分布甚廣，喜馬拉雅區之植物亦有之。

十、華北黃土高地區

此區正在長城以南，東界為太行山、南界為秦嶺、西界為康藏高原東北邊境之群山。此區為黃河及其支流之流域，大體言之西部較高，高至二千三百公尺以上；東境則逐漸低至一千公尺。此區包括山西全境與陝西之北部、河南之西部、甘肅之東部、寧夏之東南角。此區除高山外，全為深厚之黃土所遮蔽，其氣候甚為乾燥，夏熱冬寒，植物種類甚少，略有少數特有種，喜馬拉雅區之植物少數自西侵入，蒙古與新疆之植物則來自北部與西部，高山上有粗榧、紫杉、華山松、白皮松、落葉松、樅、雲杉、柏、檜等種屬，闊葉樹則有樺木、藏榛、雲葉、杜仲、金錢槭、七葉樹、文官果等。

十一、中國東北與朝鮮區

此區包括中國東北九省及熱河察哈爾之一部，大興安嶺以西之地除外。此區為韓馬迪（Handel Mazzetti）所稱之中國東北與朝鮮混生林區。全境皆嚴寒，瀋陽在等溫線六至八度之間，而北境則在等溫線零度至二度之間，雨量則較華北為高。其東南有長白山脈，東北有小興安嶺，西北有大興安嶺，大部為高出海面五十公尺之平原。此平原無樹而遍生禾本科植物，中間點綴以各種草本、灌木與球根植物。在高山則有極大之森林，其植物之性質與西伯利亞東部與朝鮮相近似。富有北方種類，特有種不多，最著者為小側柏（Microbicia）、Symphyllocarpus、Aceriphllum、Plagiorbegma、Astilboides 諸屬，興安嶺與吉林烏蘇里一帶高山上之窩集皆有腎鱗

樅，兩種雲杉，海松及達呼爾落葉松之偉大森林，呈樹海之奇觀。
熱河圍場之森林亦與之近似。落葉樹則有樺木、櫟樹、胡桃、刺楸、
白楊、榆楡、朝鮮柳（Chosenia），灌木則有杜鵑、忍冬、溲疏、繡
球菊、鼠李、胡禿子等等。草本則以蒿、泥胡菜、烏頭、紫菀、薺
絢、柳葉菜等等。此區南部之植物種類，較北部更為複雜，特有種
有數百之多。

十二、蒙古沙漠草原區

此區包括內外蒙古及東北大興安嶺以西之高地與科爾沁旗等高
地，南界為沿蒙古高地邊界所築之長城，北方則以阿爾泰山、薩彥
山為界，外蒙古之西北與北部之在諸山脈以北者。其植物與西伯利
亞所有者相近似，故此區只包括外蒙古之南部，熱河之西部，察哈
爾、綏遠、寧夏與甘肅北部。此區為一大盆地，四圍多圍以高山，
全境皆為沙漠半沙漠與草原，不能獲得自海洋來內地之濕氣，在西
部與新疆之沙漠相接連，植物亦與之相似，故不易劃一分明之界線。
韓馬迪氏稱此區為南戈壁之沙漠區，認為其植物為中國境內最不獨
特者，而為北非洲與西亞洲之連續。此區內幾無森林，植物之種類
甚少，尤少特有種，在沙漠地帶則多有新疆之植物，在四周之草原
帶則多華北之植物，故其植物乃由此兩種分子混合而成。

十三、新疆盆地區

新疆高原除去最南端之崑崙山脈屬於西藏高原外，可分為二盆
地，即塔里木盆地與準噶爾盆地。此兩盆地四圍皆圍以高山，皆有
乾燥氣候，多數由高山融雪所成之河流，皆消失於盆地之中央平原
礫質土壤中，其地下水充足之處則成為若干沃壤。準噶爾盆地較塔
里木盆地為潤濕，吐魯番之雨量極少，伊犁一帶雨量為最多。新疆
之植物可分為四種生態類型：1. 沙漠，2. 草原與草地，3. 河谷與泛
濫峽谷，4. 沃壤。第一類型之土地，通常乾燥，甚少植物，土壤為
沙漠性，含鹽鹼甚多，有時榆樹成一群落，有時藜科之 Salsolakali 或
Salsolasoda。普通習見之植物有 Zygophyllum、Nitrariaschoberi、
Hololachuesongarica 、 Kochiascoparia 、 Haloxylonammodendron 、
Staticeaurea、Artemisia glycyrrhiza、Ephedra 等旱生植物；在鹽湖之

旁，藜科與蓼科植物異常眾多，樹木則有白楊、榆、椏、柳等，禾本草則以 Stipasplendens 為主要。草原與草地型植物以地勢之高低而異，在亞高山草地上植物多矮小多毛之草本，在二千二百至二千八百公尺之間雲杉森林甚為普遍，至二千二百公尺以下，植物甚為繁茂，灌木與草本種類甚多，高原草地上則無樹木，僅有密生之矮禾本草與豆科植物。除此之外，唇形科、紫草科、十字花科、玄參科、薔薇科、傘形科、菊科等植物亦有之。在大河之旁之樹則為柳樹、白楊、胡禿子等。河谷與泛濫峽谷之植物以地勢之高低與分水而異，在分水充足之山谷生有茂密之灌木，在急流沖刷之山谷則全無植物，在二者之間區域則有一甚窄之樹木帶，山谷中森林為雲杉林，雜有灌木與菊科及高山草本。在沃壤中植物多受人為之影響，然亦偶有特殊之種類。總而論之，此區植物雜有大量西亞之植物，而亦富有特有之種類，藜科、禾本科尤為發達。

十四、西藏高原區

西藏高原包括西藏之大部分、新疆之西部、西康之西部與青海之大部分，其東南與東南山坡之較低處乃中國喜馬拉雅之一部分。此區四圍皆為高山所包圍，喜馬拉雅在其南、帕米爾在其西、崑崙在其北。此數大山脈，有時高出七千公尺以上，較相接之中國喜馬拉雅山區為高，故有較乾燥而嚴酷之大陸氣候，植物亦極稀少，與中國喜馬拉雅區為一相反之對比。此少數種之植物與西亞新疆、蒙古之種類相似。〔註2199〕

是年度，續聘植物學胡先驌，動物學秉志，考古學李濟為中華教育文化基金會董事會科學研究教授。〔註2200〕

是年，胡先驌接見共產黨地下工作者，瞭解共產黨的政策，決定留在大陸。

在解放前，他勸我去臺灣，他還勸我將靜生所遷到臺灣，他在天津預備了一隻船，說可供我遷所之用：我當時也心動了，曾向劉士林商量借木箱裝圖書標本，後來因為不放心，又因為愛人病，而

〔註2199〕《胡先驌全集》（初稿）第十四卷科學主題文章，第281～288頁。
〔註2200〕《中華教育文化基金會董事會報告（1947年1月～12月）》

最重要的是接見了共產黨地下工作人員，他勸我不要走，我才決定留下。我同桂潤沒有政治關係，但有私人關係，他還向我借過錢做生意，始終沒有還我。我當初激於愛國熱誠，鼓勵一個青年人去做地下工作，後來介紹他到重慶去找事，糊裏糊塗替他寫證明書。他加入了特務組織，這使他能夠發展到做種種妨害革命的罪惡。我雖同他沒有政治關係，卻仍保存著私人關係，後來幾乎把靜生所憑著他的力量遷往臺灣。他的種種罪惡與我無關，但推動禍始，都是我寫那封介紹信所引起的。我一生中沒有做過一件比這再壞的事，我沈痛的心情向諸位同志面前低頭認罪。〔註2201〕

是年，將水杉種子贈送給全世界179個科研單位。

我們發現了水杉的種子，分送全世界一百七十九個農林植物研究機關，大大的出了風頭，這真是死心塌地的為帝國主義服務。〔註2202〕

陳封懷致任鴻雋信函。

叔永先生道席：

日前步曾師來山，僅住一日，即赴南昌。山中近日晴朗，碧天無雲，為一年中最佳時節，惜先生未能來山一遊也。教部補助事，不知最近有無結果，步曾師囑擬計劃申請美援補助，並請先生函託蔣夢麟幫忙，藉此能得一筆經費，則廬園事業庶可維持矣。關於美援申請辦法及申請書之格式，皆未得其詳，茲擬成一種計劃，一為造林、一為茶園果樹，各二份，敬懇代交蔣夢麟先生。如有不合格之處，或計劃書份數不足，請來示以便修改補寄。聞步曾師云工作人員須述明資歷，但不知是否在計劃書中述及，亦請代為打聽為禱。前晚建議靜生南遷，步曾師亦表贊同，但苦於經費、搬遷書籍標本耳。廬園收支詳細情形，在本年底將有報告致基金會。聞步曾師云可由基金會撥給一部分為廬園專用，不知能辦到否？近數月以來，園中職員雖已裁減數人，但仍不夠開支，現在職員僅照新薪發給四

〔註2201〕 胡先驌著《對於我的舊思想的檢討》，1952 年 8 月 13 日。《胡先驌全集》（初稿）第十五卷人文科學文章，第 629～640 頁。

〔註2202〕 胡先驌著《對於我的舊思想的檢討》，1952 年 8 月 13 日。《胡先驌全集》（初稿）第十五卷人文科學文章，第 629～640 頁。

成，故各方精神正壞，實此數不夠維持也。匆匆，肅此。敬頌

近安

晚封懷敬上十八日〔註 2203〕

陳封懷致任鴻雋信函。

叔永先生道席：

北平圍困，交通斷絕，不知靜生方面情形如何。一周前，步曾師曾云有南下之行，目前則不可能矣。不知以後基金會對靜生接濟及聯絡有無新辦法，廬園將來問題，亦不知先生對此有何計劃，希能指示一切。前胡適之與家叔乘飛機出，不知步曾師曾有機會逃出否？匆匆。即頌

道安

晚封懷敬上廿二日〔註 2204〕

是年，雲南農林植物研究所煙草實驗面積達 90 畝。

1948 年，農林植物所實驗面積為 90 畝。試驗地第一區 35 畝，緊靠蒜村北面（現在茶花園山茶品種區），進行大金元的製種。第二區租用落索坡和雨樹村的 40 畝土地，進行特四○○號製種，第三區 15 畝在東山嘴（現為省軍區干休所），特四零一號製種；同時租用了小馬山（現康復醫院）坡地栽培土耳其煙，收穫煙葉的初烤由郝清雲承擔。收穫種子共計 483 市斤，按合約交給雲南省煙草改進所。〔註 2205〕

是年，在黑龍潭育種場舉辦「雲南省建設廳煙草技術人員訓練班」。

1948 年，雲南省建設廳在西站原省訓團舊址，舉辦「雲南省建設廳煙草技術人員訓練班」，以黑龍潭育種場為實習地點，褚守莊為班主任，學員 115 人，來自美煙推廣區各縣。訓練課程包括：1. 公

〔註 2203〕 胡宗剛編《廬山植物園八十春秋紀念集》，上海交通大學出版社，2014 年 8 月版。第 092 頁。

〔註 2204〕 胡宗剛編《廬山植物園八十春秋紀念集》，上海交通大學出版社，2014 年 8 月版。第 092 頁。

〔註 2205〕 中國科學院昆明植物研究所編委會編《中國科學院昆明植物研究所簡史（1938～2008）》，2008 年 10 月版，第 102 頁。

文處理，2. 衛生常識，3. 農業概論，4. 農業推廣，5. 植物學，6. 土壤學，7. 肥料學，8. 作物學，9. 煙草病蟲害學，10. 種煙學，11. 烤煙學，12. 煙葉分級，13. 煙葉調製，14. 農業經濟學概論，15. 實習（包括育種、種植，採收及烤製，分級等項），等 17 門課。〔註 2206〕

是年，秦仁昌被控貪污案調查報告。

> 查該所所長於三十六年十一月到職，原在雲南大學農學院任范濟洲主任兼教授，據稱曾經隴廳長准予兼任。至該所長在所內因係兼職，故未支薪，僅照兼任待遇例支領伕馬津貼。該所長在雲大教職每週授課數小時，似於所務無多影響。又該所長於本年三月間邊入所內，對於職責似無何荒廢現象，所控乖張百見，笑話迭出各情未經指實，礙難查辦。查該所自奉令裁員後，合有職員七十四員，現實有職員八十一員，其中兼職人員除外，實際支薪人員七十六人，較定額超過二員。該所長到職時原任秘書馬會雲辭職……覆查該所長秦仁昌為有名植物學家，於國內外學術界尚有地位，在滇工作前後幾達十年，平日潔身自好，致力學術，尚非一般徒擁虛名、貪婪自私之流可比。自接任農改所長後，對於本省農業之改進，甚具熱心，所屬各場所情況已較往時進步。惟該員過去均在教育或學術機關服務，對於行政經驗或欠豐富，故對於下屬督責容有過嚴，致生疑異，釀成控案。至所內經費款項等雖因事實需要或有與預算節目不盡相符之處，然其收支數目不論鉅細，均由會計室立賬記載，心地亦甚光明。所內一部分職員不明事實，盲目呈控，洵非良好現象。本控案既不屬實，原呈控人員自當負妄控責任。惟念各該員等幼稚乏知，意識愚昧，除楊如櫺一員自承具名外，其餘均無敢自承者。為息事寧人，擬請不予置議。〔註 2207〕

編年詩：《戊子元日和半翁》《卞孝萱以書來述其母苦節教子事詩以彰之》。

〔註 2206〕中國科學院昆明植物研究所編委會編《中國科學院昆明植物研究所簡史（1938～2008）》，2008 年 10 月版，第 103 頁。

〔註 2207〕調查農林改進所所長秦仁昌被控貪污案，1948 年，雲南省檔案館藏雲南省政府檔案，1106-001-00486。胡宗剛著《秦仁昌在雲南的一段經歷》，公眾號註冊名稱「近世植物學史」，2021 年 05 月 10 日。

《卞孝萱以書來述其母苦節教子事詩以彰之》手跡

1949 年（己丑） 五十六歲

1月7日，任鴻雋致陳封懷信函。

封懷先生大鑒：

昨奉上月廿四日來示，敬悉一一。平津飛航恢復後，步曾先生續有信來，大約已不作南遷之計劃（事實上已不可能）。惟出售顯微鏡之款，則似已到手，步曾先生正與此間商量，兌至尊處，作建築房屋之用，尚看時局發展如何，無重大變化，廬園添建房屋計劃似尚可能實現也。尊處經費向由靜所直接支配，此間未能得步曾先生通知，無法代籌。惟以近來平津交通阻滯，步曾先生何時來信，亦難預知，茲特在靜所應變費中酌撥二千九百餘元，由金城銀行匯交尊處（實收二千七百零七元），祈查收備用。此後經費如何接濟，仍請與步曾先生直接商洽為荷。專此復頌，並祝新祺

弟 鴻雋 拜 卅八年一月七日〔註2208〕

1月15日，任鴻雋致陳封懷信函。

封懷先生大鑒：

〔註2208〕 胡宗剛編《廬山植物園八十春秋紀念集》，上海交通大學出版社，2014 年 8 月版。第 092～093 頁。

　　十日來示奉悉。此間於本月七日曾由江西省銀行匯上二千九百餘元，想已照收。昨得步曾先生來緘，囑匯三萬元至尊處，作建築費，頃由中國銀行匯上三萬三千九百餘元，並以刪電告知尊處，想此信到時已恰取矣。據步曾先生來緘，此後靜所經費將與渠處售物之款打兌，故以其預算每月應有四萬元匯至尊處，至匯到之款作何處置，則請與步曾先生接洽。據弟所知，靜所每月四萬元之預算未列有盧園經費，應列若干，亦請兄與步曾先生接洽決定，此間只按款算總數照發，其分配數目應由靜所決定也。目下由滬匯牯嶺款，匯費極昂，不知尚有其他方法可省此項費用否？北方戰局形勢不定，將來通信是否可不發生問題，亦頗難言，此時惟有走一步算一步耳。餘不備，此頌

　　春祺

　　　　　　　　　　　弟　任鴻雋　拜　卅八年一月十五〔註2209〕

　　1月16日下午，傅作義將軍邀請北平二十位名流座談，討論關於北平戰和前途的事情，一致支持北平和平解放。

　　　　傅先生發請帖請學者名流到中南海勤政殿吃西餐。這是一次有重大意義的聚會，我稱之為「最後一席話」。發請帖的客人名單上有：徐悲鴻、周炳琳、馬衡、鄭天挺、黃覺非、朱光潛、許德珩、楊人楩、賀麟，葉企蓀、胡先驌、楊振聲、何海秋、王鐵崖、黃國璋等二十餘人。傅來到之前，由我接待，我同每個人都打了招乎，請他們暢所欲言，不要顧慮。宴會中，傅誠懇簡要地說：「局勢如何？想聽聽各位的意見，以作定奪。」當時大家相繼發言，一致的意見是只有和平，別無他途。

　　　　1月17日，傅先生的和談代表鄧寶珊、周北峰與解放軍領導人，簽訂了《關於和平解放北平問題的協議》，北平終於實現了和平解放。我認為這與上面說的傅與知識界人士往來以及「最後一席話」，大家一致要求和評價法，肯定是起到積極影響的。〔註2210〕

〔註2209〕　胡宗剛編《盧山植物園八十春秋紀念集》，上海交通大學出版社，2014年8月版。第093頁。

〔註2210〕　焦實齋作《北平和平解放前後我經歷的幾件事》。中國人民政治協商會議全國委員會文史資料研究委員會編《傅作義生平》，文史資料出版社1985年6月第1版，第263～274頁。

1月18日，任鴻雋致陳封懷信函。

封懷先生大鑒：

十五日奉上一緘，計已達覽。該緘所言靜所兌款數額微有錯誤，茲為更正：步曾先生可兌至牯嶺應用之款，僅限於建築費及廬園經費與兄之薪津，其餘靜所經費在平兌用者，仍將於靜所補助費中扣還。故每月四萬元之預算，不能撥交尊處，茲仍請兄告知廬園經費由靜所方面擔負者，每月究須若干，將來可由此間與兄之薪津按月上發，建築費如有不敷，當另案辦理。廬園經費本應候步曾先生決定，惟目下平滬郵信已不通，故暫由此間代為辦理也。本月十五日由中國銀行匯之三萬三千九百餘元，想已收到，其中三萬元係建築費，三千九百元則可作廬園經費或兄之薪津，俟來示決定。如有不敷，再由此間匯補可也。北平航郵中斷，頃已用電報試與步曾先生通詢，如得復，再以奉聞。匆此。即頌

冬安

弟 任鴻雋 卅八年一月十八日〔註2211〕

1月21日，簽訂了《關於和平解放北平問題的協議》，31日，人民解放軍進駐北平城，北平宣告和平解放，平津戰役勝利結束。

1月25日，陳封懷致任鴻雋信函。

叔永先生賜鑒：

連奉手教，敬悉一是。昨日接靜生匯來一月份薪津四千六百四十元，係十五日匯出，以後是否照常匯寄，不得而知。廬園除晚薪津外，省府按半數編制經費，共計一萬零九百九十五元，其中包括員工薪津六千四百八十元，員工米貼三千八百四十元，辦公費六百七十五元，此數係按最近新標準規定發給。根據規定編制，主任一人、技師一人、技士二人、助理二人、粗工技工八人，晚及技師（唐進）皆未支取薪津，但此半數僅能維持其他職工生活及四名工人而已。二三年以來，維持不生不死之局面，依實際開支，不免頭重腳輕，故園中應作之事俱感困難。幸各職員皆能吃苦，除辦理室內工作外，尚

〔註2211〕 胡宗剛編《廬山植物園八十春秋紀念集》，上海交通大學出版社，2014年8月版。第094頁。

能在園中採作，至於附近採集調查工作，則端賴國外之匯，方能進行工作。目前外匯兌換困難，對此事甚感棘手，晚前與步曾師商量，將此百元外匯為園中貼補修建費之用，此事經待時局安定方能進行也。

盧園自抗戰破壞之後，基礎全無，恢復當年之規模本非易舉，況經費如此拮据，更難應付矣。晚屢向步曾師言及盧園係靜生與江西省府合作，雙方擔任之數相等，方能符合作之意義。三年以來，靜生自顧不暇，故在此亦無能為力，實盧園之不幸也。按盧園工作之範圍及業務之煩集，遠勝於靜生本所，以對付省府公事而論，竟得一專人終日抄寫表格及應行公事。至於室外種子採集調查等，尤屬煩忙。此外尤感覺不便而生困難者，為缺乏辦公地點及職員宿舍，此任何機關不應有此困難。去歲曾輾轉奔走，託人借得破壞房屋一幢（擔任修理），始解決職員住宿問題，轉暖期限已屆，今夏又得另籌他所。晚前向步曾師建議，修復先生故居以售出，款額之微可以修復之，當時金元券與銀元相差僅九倍至十倍，辦公室同時可以修復。不料金元券價值一落千丈，前匯下之三萬三千餘元僅換得二百銀元，四擔米，修復一幢房屋數，非一千銀元方能著手。晚傾六百元銀幣，先將屋頂蓋上，以後陸續添補。

以上種種困難未與先生道及，今承此機會，略述園中之困難及經過之情形耳。關於園中經濟開支及收入，以後當另用正式報告奉上。匆匆，專此。順頌道安

晚　封懷　敬上　廿五日（一九四九年一月）〔註2212〕

1月，靜生生物調查所以賣設備度日。

而與農業院合組植物園的另一方靜生所，於植物園卻是盡其所能，但由於其自身經費緊縮，前已有述，故而下撥予植物園的經費便可想而知，至1949年1月，靜生所不得已還做出以出售顯微鏡之款，作為植物園修葺房舍之用。該顯微鏡被清華大學購去，得美金500元。終使植物園因戰爭被破壞的建築得以修繕，然修繕尚未完

〔註2212〕胡宗剛編《盧山植物園八十春秋紀念集》，上海交通大學出版社，2014年8月版。第094～095頁。

工，於是年 5 月，盧山即得解放。〔註2213〕

2 月 5 日，任鴻雋致陳封懷信函。

封懷先生大鑒：

連接一月廿日及廿五日兩示，敬悉一是。尊處經費情形，除迭函所告各節外，步曾先生亦寄來盧山及兄薪津預算案，並託此間按月逕匯。惟以各地物價互異，政府規定之待遇標準亦時有變更，故由步曾先生授權，此間酌量尊處需要核發。現經決定，以美金為基準額，本月份以四十美元等值之款匯盧，其中十八元為兄薪津，餘二十二元為靜所補助盧山之款。此與尊處原定預算已有增加，超額當作準付金，或辦同人福利，均無不可，但希每月劃出一千元交與德熙世兄，將來再由尊處與步曾先生結算。至於房屋修繕一事，弟及步曾先生均甚表贊同，一俟時局稍定，即可積極進行，請將尊處需要用款報告寄來。如戰事範圍不再擴大，實係一種比較安定之措施，惟時局動盪，沒有出入意外者，此所謂盡人事、聽天命矣。專此布復。

春安

弟 任鴻雋 敬啟 卅八、二、五〔註2214〕

2 月 18 日，陳封懷致任鴻雋信函。

叔永先生賜鑒：

奉手教，敬悉一切，並收到中基會匯下金券四萬六千元。先生對盧山植物園關懷愛護，感激之至。目前省府補助經費尚未調整，預料可能增加八倍，不知以後能得多少，俟調整後當即奉告。如時局轉好，中基會能補助建設費，則盧園將辦公室、宿舍修復，實不可緩之事也。德熙之千元，即日匯去。最近不知曾得北平消息否？盧園現正籌劃植樹、播種，但因限於經費，不能依計劃進行耳。匆匆函此。即頌

道安

晚 封懷 拜上 十八日〔註2215〕

〔註2213〕趙慧芝，《任鴻雋年譜（續）》，《中國科技史料》，1989，10（1）。胡宗剛著《靜生生物調查所史稿》，山東教育出版社，2005 年 10 月版，第 208 頁。
〔註2214〕胡宗剛編《盧山植物園八十春秋紀念集》，上海交通大學出版社，2014 年 8 月版。第 095 頁。
〔註2215〕胡宗剛編《盧山植物園八十春秋紀念集》，上海交通大學出版社，2014 年 8

3月2日，任鴻雋致陳封懷信函。

封懷先生大鑒：

二月十八日及廿二日兩示，均經奉悉。盧園經費上月份係按一月中所送預算決定，由此間月撥基準額美幣四十元應用（包括先生薪津在內），當時計算有盈餘，惟匯水扣除過多，而款到尊處係物價又上漲以致。事業雖於進行，現擬自三月份起，酌得基準額增為美幣六十元。目前匯率較高，連同江西省政府調整款額，諒與一月間所定計劃相去不遠矣。至於修建辦公處，原為步曾先生計劃，上年匯上三萬金圓，既因物價上漲，不克完成計劃，望得目下最低限度之修建費，用食米計算，開預算寄來，當為極力設法，使此項修建早日完成，以利工作之進行。請求中央銀行免費匯款一節，因款項非屬國庫出支，不易辦到。步曾先生久無信來，俟靜生所委員會委員江翊雲先生返滬得晤後，或可有若干消息奉告。本會按月發寄貴處之款，係代靜所辦理，收來貴處帳目，應由靜所核銷，不必向本會報帳，但如蒙得報靜所之賬惠寄一份至敝處，以作參考，亦無不可。專此奉復。順祇

　　研祺

　　　　　　　　　弟　任鴻雋　敬復　卅八、三、二〔註2216〕

3月10日，陳封懷致任鴻雋信函。

叔永先生賜鑒：

昨奉三月二日手教，敬悉盧山植物園經費蒙允增加至六十元美金，感激之至，並允撥款修建房屋，令人興奮不已。園中需要房屋，感覺最迫切者，為職工宿舍，次則為辦公室。目前除晚一人在園中外，其餘皆住居牯嶺，離園五六里遠，因伙食及其他問題不能按時來園工作，風雨時期尤感不便。目前辦公室係一臨時茅屋充之，每逢大雨，則不能安身，故將重要書籍標本只好移置於晚私人書室中。斗室之中，公私什物，錯亂雜陳，殊欠妥當，故雙方修建皆不可少

月版。第095～096頁。

〔註2216〕　胡宗剛編《盧山植物園八十春秋紀念集》，上海交通大學出版社，2014年8月版。第096頁。

也。園中前原有之辦公室可以兼作宿舍，晚擬將此修復，庶能解決雙方之問題矣。現正託人估計工程，以最低價值辦法計劃之，此計劃日內即行寄上也。

昨接步曾師由中基會轉來之函，知平津方面情形尚好，甚慰。並曾提及德熙兄賦閒日久，處境困難，且所患肺疾尚未痊癒，欲來盧園修養，兼可解決其生活問題。晚對其生活問題曾託俞大維設法，但值此時局，未獲若何結果。至於來山修養一節，盧園目前僅能維持現狀，欲添工人，尚感不足，園中技士二人，其收入僅一擔餘米之數，生活實難維持。其他助理員二人，皆單身人，尚能勉強維持。去歲雷俠人在此任庶務，聞經費不足，不得已乃辭去，此皆實際情形也。想步曾師不知此中情形，又以為中基會有充實助補，故可使盧園能得增補職員也。盧園房屋缺乏前已言及，捨經費外，德熙來此，住居問題亦難解決，除向人租賃，別無辦法，晚對此種費，無法籌措，實令人惶恐焦急也。希望先生去信時，便將此事代為陳述，盧園處境中困難，實無法容納之。前中基會轉撥付德熙千元，其數過微，不能作何用處，不知步曾來信對此事曾向先生談及否？倘本月經費能略有辦法，只好在此中勻去若干，不知如何。

關於由滬匯款匯水吃虧過大，實不合算，託在潯商家兌撥，打聽後即行奉告。如建築費較大，則不如派人來取，似較匯水為少，不知尊意以為如何。匆匆函此。敬頌

道安

晚 封懷 敬上 三月十日

衡哲先生代為均候。〔註2217〕

3月14日，任鴻雋致陳封懷信函。

封懷先生大鑒

頃奉十日來示，敬悉一一。盧山植物園本月份經費，已得永利化學工業公司范鴻疇先生概允，在該公司九江辦公處兌取，不收匯費，故本月匯款已不成問題。將來能否長此辦理，則不可知，如尊

〔註2217〕 胡宗剛編《盧山植物園八十春秋紀念集》，上海交通大學出版社，2014年8月版。第 096～097 頁。

處能在九江覓得商家打兌，則尤為便利矣。建築費數目較大，恐不易覓人打兌，自以派人來取為便。惟所派之人須絕對可靠者，旅行途中之安全亦應考慮及之也。

關於德熙世兄之生活問題，步曾先生前緘，但託每月匯寄一千元與之，未及其他，如因物價高漲，一千元已不敷用，由尊處酌量多寄若干，亦無不可，好在此係步曾先生私人用度，將來自可在尊賬上清算奉還也。

至於廬山植物園日下情形，不能增加職員或招待客人，兄自可去信與步曾先生言明，弟便中亦可與之提及，想渠必不見怪耳。本月經費明日即可匯出，並以奉聞。此頌

時祉

夢莊夫人並候

弟 任鴻雋 拜 卅八、三、十四〔註2218〕

3月21日，任鴻雋致陳封懷信函。

封懷先生大鑒：

十四日來示奉悉。弟於十四亦上一緘，十六日會中奉寄久大鹽業公司匯票紙四十萬五千元，計均達左右矣。

廬園辦公室及宿舍建築費，據此次來緘，估計需要銀元七八千云，此數太巨，非此間所能籌劃。蓋此項建築費之來源，實即靜所出售顯微鏡之款，該款總數為一千五百美金，前即匯上金元三萬餘元（約合美金一百五十元），故所餘僅美金一千三百餘元耳。假定此款全撥作建築費用，僅可換銀元一千六七百元（銀元及美金換價時有變更，以上結算為此間最近市場價格），而步曾先生處是否另有其他開支，尚不可知，故鄙意廬園建築費至多只能以銀元一千七八百元為限。此數如何支配最為適當，擬請尊處另行一計劃並可能之預算擲下，以便提交基金會通過撥款。在時局及物價急劇變化中，一切設施皆非出以迅雷閃電的手段不可，如舊年年底三萬金元可完成之建築計劃，至款項寄到時，已因物價上漲而歉乎不可矣。及後之

〔註2218〕 胡宗剛編《廬山植物園八十春秋紀念集》，上海交通大學出版社，2014年8月版。第097～098頁。

視今，安知不如今之視昔，此弟所汲汲不遑為兄等著急也（步曾先生或為三萬金元匯到，房屋問題已先解決矣）。

三月份廬山經費由九江久大公司撥兌，想已照收無誤，如建築費亦能同樣辦理，兄即無親自來滬之必要，但此是後話，日下須先將計劃及預算寄下為要。專復。即頌

時祉

弟 任鴻雋 拜 卅八年三月廿一日〔註2219〕

3月，胡先驌致北平軍事管制委員會文化接管委員會信函。

敬啟者：

本所經常用費，包括員工薪津、煤電水費、郵電費、印刷費、雜費等，係由本所臨時基金保管委員會按月匯撥，預算數日本年度為每月美金四百元（此為去年年終經本所委員會核准，蓋當時偽金元，貶值趨勢無止境，故議決自本年一月份起改以每月四百美金作為經常費之基準款），因該基金保管委員會遠在上海，自北平解放以來，平滬匯兌未通，本所經費來源遂告斷絕，今雖中國銀行已辦理區外匯兌，但在上海是否能得當地統治者之許可？或美金能否通用？又折合率如何？以及其他手續上之困難問題繁多，本所經費始終未能撥來，而本所一切開支急不容緩。素仰人民政府對自然科學事業最為重視，必不聽任此有關農林之研究機關因經費無著致影響工作。謹將本所經費預算原案抄奉一份，懇向鈞會暫行借支，即由本月份（三月份）起，先借領人民幣二十四萬元，以維現狀（原預算為維持現狀之最低額，倘能多予借給若干更佳），待國家統一局面告成，兌款方便時，將由本所基金中如數壁還。事關科學事業之發展，敬祈鈞會設法維護，無任感荷。

（1949 年 3 月）〔註2220〕

3月，雲南農林植物研究所致雲南煙草生產事業總管理處信函。

〔註2219〕 胡宗剛編《廬山植物園八十春秋紀念集》，上海交通大學出版社，2014 年 8 月版。第 098 頁。

〔註2220〕《胡先驌全集》（初稿）第十七卷下中文書信卷，第 487 頁。

鑒於上年試種美煙獲得成功，且有良好之效益，植物所希望繼續與改進所合作，農林植物所致函煙草改進所上級主管單位煙草生產事業總管理處，以擴大試種土耳其煙及繼續種植美煙為主要內容。函文和計劃書如下：

逕啟者：

敝所自民國三十四年接受雲南煙草改進所委託，舉辦煙草育種改良工作，迄今五載。近年來雲南全省所推廣之美煙種子，幾全數係敝所育種場所供給者。本年因此項關於煙草改進之經費來源斷絕，敝所勢將不能繼續進行此部分工作。而雲南栽煙事業，關係全省農場經濟復興至巨，今一旦工作中綴，前途影響極堪憂慮。竊思敝所以往各種研究工作之進行，歷年來多受貴處補助及鼓勵，今者推廣煙草，改善農村經濟之事業，復與貴公司宗旨相符合，用特奉上「煙草研究試驗及育種工作計劃綱要」及其「栽培土耳其煙葉計劃書」各二份，請加以審核，如蒙賜予經費上之支持，則非但敝所之煙草研究得以繼續，即雲南種煙事業之前途，亦可因而發展光大焉。

雲南農林植物研究所 三十八年三月二十四日〔註2221〕

雲南農林植物研究所試栽土耳其煙葉計劃書

國人皆知有土耳其煙，然吾國引種紙煙用煙葉，雖有二十餘年之推廣歷史，而始終未有栽培土耳其煙者。查土耳其煙係一種商業名稱，其產地限於希臘及土耳其愛琴海及黑海地區，故又有東方煙之稱。美國係世界煙葉出口最大之國家，然對於土耳其煙反係一種進口煙。緣土耳其煙需要特殊之氣候及製作，復因葉片極小（長約三十英寸），採收需人工較多，而美國之地理環境既不適合，人工又屬奇昂，故年來雖在加羅林那及弗吉尼亞二州加以試驗栽培，終未臻成功。每年因配製紙煙而輸入美國之土耳其煙葉，為數仍在四千五百萬磅之巨。

土耳其煙之所以名噪一時，備受嗜者之歡迎，首先於其具有乾

〔註2221〕雲南農林植物研究所致雲南煙草生產事業總管理處函，1949年3月24日，雲南省檔案館，125-1-284-52，謝立三抄錄。胡宗剛著《雲南植物研究史略》，上海交通大學出版社2018年7月版，第198～199頁。

燥之香味及優良之燃燒性，為其他任何煙葉所不及，嗜吸美製深色紙煙及名貴埃及煙者，多能領略其優點。在土耳其及希臘，向視其種籽為禁止出口品，以免流傳普及而影響其獨佔之出口。本研究所數年來從事煙葉之試驗及育種工作，幾經設法搜求，始於去年（三十七年）秘密獲得稍許種籽，計 Catarnu、Cavalla、Yaka、Smgrna、Samsun 等 5 種，經試驗栽培後，發現前三種極適合雲南氣候，生長優良，復予以加工製作，色澤深黃，燃燒性亦佳，惟香味不及東歐產者之濃厚，或係試種株數太少，所以煙葉不足成堆，後期發酵不充分之故。本年度擬擴大試種一百畝，俾作正式經營之探針，成功後，不惟可以改進雲南紙煙企業，且更可收出口國之外溢，爰擬具預算書於後。（略）

4 月 2 日，陳封懷致任鴻雋信函。

叔永先生賜鑒：

昨奉廿八日手教，敬悉一切。關於撥款事，如仍託久大公司幫忙，似有可能。昨日函詢九江久大公司經理李國鈞君矣，該公司在此收款，概以銀元計算，推測雙方交受皆用銀元，大有可能，望費神在滬向久大一詢為感。

建築事既以經費有限，只好改修工房作宿舍之用，但辦公仍不能解決，惟待諸他日機會耳。按包工計算，修復六間工房，亦需二千銀元之譜，美金換價提高，殆不成問題，此將建築草圖及建築費預算一併奉上，務希先生將此事玉成，不勝感禱。

廬山植物園自復員以來，無日不在掙扎中。最初應步曾師之命，不加考慮，接收此園，以後逐漸發覺種種困難。此園之成立，至少基於三大原則之上：（一）地址，（二）經常費，（三）建築。除地址以外，其他二方面皆成問題也。尤以此園設於偏僻之處，建築更為重要。今年借房問題不能解決，不但須另花一筆租金（約銀元二百元），且工作仍不能理想推進，職員難安於其職。以外表觀瞻論，園中雖收藏植物種類數千種也，但無辦公室等之設備，外人皆不以為一機關，而更不以為一研究機關，因之不知植物者，只見斷垣殘壁，滿目荒蕪而已。幸晚一家獨居園中，而能伴此孤園耳。年初，園之

大門口崗警被盜匪擊傷，事後警察崗撤去。人謂植物園獨居一家可危也，友人勸晚遷牯嶺，以防萬一。但因鑒此園無人看守，故冒險仍住此地，蓋園中所栽培之植物非有人照顧不可也。

關於經常費，三餘年來，省府與靜生之接洽，從未有平衡支付，以最近而言，省府所撥之款，月僅七八萬金券，不能夠買二石米之數。幸得中基會之美金貼補，庶幾維持職工最低之生活。前函已曾言及工人以米發給工資，每名一至二擔不等。但助理員所發不及一工人待遇，主任之薪金與一技工相等（二石米合銀之十三），此種情形何能推進工作。然晚不願敷衍下去，在可能中仍積極進行應做之事。

至於對國外通信交換種子等事，郵費一項，一月非十元銀幣不能開支，此種開銷，皆出諸於生產種子外銷收入，最近印刷種子錄目五百份，花去一百元。此皆係去年之收入，現僅存一二百元，用於貼補與國外植物機關取得聯絡之郵費。步曾即以為廬園經費充實，一方面指中基會有充實接濟，一方面指生產收入甚豐。實則生產以已往之經驗，一年至多可得一二百元之盈餘，且換兌美元甚不方便（印刷及書籍皆以美金付出）。此間有哈佛大學補助美金五佰元，廬園標本採集之用，待時局平穩，擬在五六月間出發，不知中基會能代將此款換出否？四月開始已進行和談，但九江方面情形頓時緊張，市面紊亂，不知滬上情形如何，希望不致為時局影響，更希望和談能得成功，則吾們之努力不致無著落也。俟和談解決後，晚擬考慮與先生面談關於以後一切問題，最好步曾師能南下則更佳矣。匆匆函此。

晚 封懷 敬上 四月二日（一九四九年）〔註2222〕

4月16日，在北平中山公園來今雨軒舉行南社、新南社聯合臨時雅集，參加社員有胡先驌、柳亞子、宋紫佩、朱劍芒、邵力子、沈體蘭、歐陽予倩、沈雁冰等近80餘人，來賓有周恩來、葉劍英、李立三、葉聖陶、俞平、張西曼、張東散、千家駒，部分來賓未參加攝影，是一次空前的盛會！

〔註2222〕胡宗剛編《廬山植物園八十春秋紀念集》，上海交通大學出版社，2014年8月版。第098～099頁。

1949 年 4 月 16 日在北平中山公園來今雨軒舉行南社新南社聯合臨時雅集，參加社員有柳亞子、宋紫佩、朱劍芒、邵力子、胡先驌（前排左 2）、沈體蘭、歐陽予倩、沈雁冰等 80 餘人，來賓有周恩來、葉劍英、李立三、葉聖陶、俞平伯、張西曼、張東蓀、千家駒，部分來賓未參加合影

國立中正大學服務證明書

4月27日，胡先驌致北平軍事管制委員會文化接管委員會信函。

敬啟者：

　　本所以經費中斷，故上月二十八日有向鈞會借支經費之請，原開預算三月份為二十四萬元，茲蒙核准借予十萬元之數，業於四月二十七日領訖。今四月份行將終了，本所經費仍無妥善辦法，擬再向鈞會借支四月份經費一個月，惟以本月物價上升，且公立機關待遇提高，本所員工薪津亦須隨之調整，借支數目希望能在二十萬元以上，尤為感荷。

（1949 年 4 月 27 日）〔註 2223〕

　　5月21日南昌解放。8月，國立中正大學改為國立南昌大學，學校由望城崗遷入南昌市區東面老飛機場（現青山湖區）。南昌大學初期基本沿用校、院、係三級建制。設五個學院和一個專修科，即文學院、法學院、理學院、工學院、農學院和體育專修科。1950 年，將文學院和法學院合併為文法學院。

　　6月1日，胡先驌致樂天宇信函。

敬啟者：

　　本所經費至本年一月份即告斷絕，在此五個月中僅於四月二十二日借得文管會人民券十萬元，因杯水車薪，無法維持，於四月二十七日再向文管會函請，續借二十萬萬元。不意時經月餘，未得該會批准。目下本所全體員工生活困苦已達極點，而無籌款辦法。前經王宗清教授介紹，售與貴院之儀器價款六十萬元，切望即日批撥，以濟眉急。

　　又有聲明者：此項儀器係本所前技師喻兆琦先生遺物。喻先生去世後眷屬在滬，清苦異常，曾經友好建議，並經秉農山先生同意，將此儀器變價救濟喻先生家族。所有在月餘以前，貴我兩方洽妥售價時，已將此款由本所在滬經費項下撥與喻先生家屬。蓋當時本所經費不得由滬匯平，喻先生家屬之款不得由平匯滬，故覺如此劃撥頗感兩便，實際情形即本所經費中已為貴院墊付六十萬元也。此款應早日歸墊作本所經費。此事有關本所事業之進行及全體員工之生

〔註 2223〕　胡宗剛撰《胡先驌先生年譜長編》，江西教育出版社，2008 年 2 月版，第 514 頁。

活，而另一方面救濟喻先生家族，務祈速予辦理，至為感荷。

（1949 年 6 月 1 日）〔註 2224〕

6 月 4 日，胡先驌致北平軍事管制委員會文化接管委員會信函。

敝所創辦於民國十七年，二十年來在國際頗具聲譽。抗戰勝利之後，以經費困難，未能全部復員，長此以往，事業難於發展。日前曾與鄧部長、樂院長商談，皆謂應歸政府接辦，庶使此著名科學機關得以永久維持，為國家人民服務。敝所同人亦完全同意，日前已由驌函電上海本所委員會，一俟覆電核准，即可辦理接管手續。相應先行函達，即希察知，並暫借四、五、六三個月經費為荷。

（1949 年 6 月 4 日）〔註 2225〕

6 月 15 日，軍管會文教委決定將靜生所併入華北大學。

高等教育委員會第一次常委會討論了胡先驌的請求，決定予以接管，並將上述決定呈報軍管會。6 月 16 日華北人民政府下函高等教育委員會，批准了接管靜生生物調查所的決議。6 月下旬，軍管會文教委正式委派樂天宇等人接收靜生所，將該所納入華北大學農學院領導。胡先驌立即將資產清冊，以正副兩本送交樂天宇備案。與此同時，胡先驌和靜生所技師唐進還被納入該校教授之列。8 月入住靜生所之華北農學院招收新生，將靜生所房舍作教學之用；而胡先驌要求增加新人，則不為樂天宇同意，胡、樂之間遂生芥蒂。〔註 2226〕

7 月 13 日，中華全國自然科學工作者籌備委員會成立。

中華全國自然科學工作者代表會議籌備會正式會議在原中法大學禮堂舉行。周恩來等領導同志出席大會並講話。中華全國第一次自然科學工作者代表大會籌備委員會成立，通過了籌備委員會簡章及代表產生條例，並推選出參加新政治協商會議的正式代表 15 人，

〔註 2224〕 胡宗剛撰《胡先驌先生年譜長編》，江西教育出版社，2008 年 2 月版，第 514 頁。

〔註 2225〕 胡宗剛撰《胡先驌先生年譜長編》，江西教育出版社，2008 年 2 月版，第 515 頁。

〔註 2226〕 胡宗剛、夏振岱著《中國植物誌編撰史》，上海交通大學出版社，2016 年 9 月版，第 19～20 頁。

候補代表 2 人。其中，正式代表為梁希、李四光、侯德榜、賀誠、茅以升、曾昭掄、劉鼎、嚴濟慈、姚克方、惲子強、涂長望、樂天宇、丁瓚、蔡邦華、李宗恩，候補代表為靳樹梁、沈其益。〔註 2227〕

國立中正大學臨時畢業證明書

7 月 14 日，胡先驌當選中國植物學會理事。

人民政府在北京召開全國科學代表大會籌備會，有不少南方植物學家來京與會，張景鉞藉此機會召集植物學家開會以恢復中國植物學會。會議於 7 月 14 日在北京大學理學院禮堂舉行，選舉出張景鉞、樂天宇、胡先驌、湯佩松、高尚蔭、徐緯英、馬毓泉、錢崇澍、周家熾、羅士葦、張肇騫、簡焯坡、吳征鎰、曾呈奎、羅宗洛等十五人為理事，互選張景鉞、馬毓泉、樂天宇、周家熾、張肇騫、簡焯坡七人為常務理事，張景鉞為理事長，張肇騫為書記，馬毓泉管理財務，簡焯坡為組織。經呈中央人民政府內務部登記獲准，至此中國植物學會正式恢復。隨後各地也紛紛成立分會，選舉出主席，開展一些活動。至年底統計，廣泛發動調查舊會員和徵求新會員，中國植物學會已有會員 400 多人。〔註 2228〕

〔註 2227〕 王希群、江澤平、王安琪、郭保香編著《中國林業事業的先驅與開拓者——樂天宇、吳中仁、蕭剛柔、袁嗣令、黃中立、張萬儒、王正非年譜》，中國林業出版社，2022 年 3 月版，第 016 頁。

〔註 2228〕 中國植物學會簡史，《中國植物學雜誌》，第五卷第一期，1950 年 10 月。胡宗剛、夏振岱著《中國植物誌編撰史》，上海交通大學出版社，2016 年 9 月版，第 40 頁。

中國植物學會本屆理事及編輯委員會成員

7月14日，成立中國植物學會編輯委員會，成員如下：汪振儒（總編輯）；黃宗甄（幹事編輯）；婁成後（編輯，北京區）、馬毓泉（編輯，北京區）、李繼侗（編輯，北京區）、崔友文（編輯，北京區）、王曰瑋（編輯，杭州）、王伏雄（編輯，上海）、陳邦傑（編輯，南京）、李良慶（編輯，青島）、楊銜晉（編輯，哈爾濱）、蔣英（編輯，廣州）、陳華癸（編輯，武漢）、方文培（編輯，成都）。

7月24日，中正大學改為南昌大學。

南昌市軍事管制委員會發布通令，決定將中正大學、中正醫學院易名。通令稱：「根據『中正』大學及『中正』醫學院大多數教職員同學工友提議，並經上級批准，「中正」大學改為南昌大學，『中正』醫學院改為南昌醫學院。自八月一日起改稱上述斷名稱，特此通令。」7月31日，南昌市軍管會交接工作大致完畢。南昌大學署期管理委員召開的第5次會議，對學校更名表示「慶祝」。〔註2229〕

〔註2229〕 《南昌市軍事管制委員會通令》，《江西日報》1949年7月25日，第1版。高志軍著《政治與教育的互動：國立中正大學研究》，2021年12月華中師範大學博士學位論文，第407～408頁。

8月5日，秦仁昌致雲南大學五聯合信函。

　　秦仁昌致雲南大學五聯會函。秦仁昌為維護校務委員會之權威，起來反對五聯會干政，希望明確五聯會與學校行政之關係，遭到五聯會反擊。從秦仁昌復五聯會之函，可見事件原委。

逕復者：

　　接奉本月三日來函暨獲讀四日晨「秦仁昌教授惡意指責本會」壁報一則，深為驚異，誠恐真相失實，爰答覆如次：

　　此次劉參事英士到昆，據報載為謀雲大經費等困難問題之解決，此誠不失為予困難多端如今日本校者一新希望。昌服務本校，目睹現實，認為當前問題：一為經費問題，亦即為如何解決同人生活問題；一為五聯會與學校行政體系之如何更加合理配合問題。五聯會成立為時雖暫，而對同仁福利事業，多方推動，已獲致若干成果，異口同聲，此為五聯會之優異表現；然過去與學校行政如何配合得當，尚覺未臻盡善，且五聯會在學校行政體系上之身份，亦有待確定必要。試舉一事為證：不久前五聯會財委會曾逕函本校農工醫等院，請將所屬之農場、工廠及醫院等盈餘，悉歸五聯會充辦同仁福利事業經費一事，聞使各單位負責人有不知如何辦理之感。就五聯會與學校之關係言，似為學校之民意機構，代表全校員生職警工向學校當局有所建議採納，然證以上列舉措，則似又為學校執行機構，未免與現行學校制度有所牴觸。此種相互關係，似應改善，則學校行政效率，庶可提高，同仁之互助精神，益可增進。再二，據聞本校現有農場、醫院等附屬單位之設立初意，原為供有關院系師生「研究」「試驗」「實習」之用，縱有盈餘，聞為數亦有限，倘撥充他用，則非特再生產之資金發生問題，即不能直接生利之試驗研究工作亦將無法進行，影響大學教學水準至巨，將何以符西南人民之期望？縱謂五聯會擬辦之福利事業經費無著，或可向學校當局建議，考慮兼顧；或另求其他籌集之道（如正式向社會發動勸募等），恐更為有效。此即昌所欲言者。

　　此次劉參事英士到昆，既以謀致本校困難之解決相標榜，昌為維護本校同仁福利計，亦為愛護大學計，認為五聯會之身份應該確定，其今後如何與學校行政求更進一步配合確當，使大學一切更加

合理化之問題，應集思廣益，謀致教學與生活之協調，所以在茶話座談席上，提出此一問題，意在請劉參事本其視察各國立大學所得現實資料，提供同仁作為更張，求進一步參考，使五聯會取得正式身份，並與學校行政密切配合，共策時艱。此而謂為「惡意指責」，則萬不敢當。惟昌不善言辭，講話素向率直，措辭和表達技術更欠確當，致引起少數出席同仁之誤會，或所不免。但事實如此，動機如此，絕無任何「惡意」，耿耿之心，天日可鑒。且忠厚二字，為數千年來國人處世立身之本，烏有在大庭廣坐之前公然攻訐之理。昌年逾半百，寧有其愚若此，深恐同仁不明，相應函復，煩希諒察為荷。

　　此致

雲大五聯會

秦仁昌　謹啟　八月五日〔註2230〕

　　8月7日，《年譜》載：鄭萬鈞、曲桂齡和華敬燦考察水杉產地。鄭萬鈞、曲仲湘《水杉壩的森林現狀》刊於《科學》1949年第31卷第3期73～80頁。〔註2231〕

　　9月4日，謝家榮，竺可楨共同拜訪胡先驌。

　　　　謝家榮與竺可楨赴石駙馬大街訪胡先驌，繼赴兵馬司胡同晤高平、孫雲鑄、金耀華、裴文中等。下午到北京飯店，聽林伯渠（報告政協會籌備經過）、徐冰等報告，繼赴歐美同學會參加王鴻禎的婚禮。〔註2232〕

　　9月11日，胡先驌致中華教育文化基金董事會信函。

　　敬啟者：

〔註2230〕　秦仁昌致雲南大學五聯會函，1949年8月5日，雲南大學檔案。胡宗剛著《雲南植物研究史略》，上海交通大學出版社2018年7月版，第186～187頁。

〔註2231〕　王希群、董瓊、宋維峰、王安琪、郭保香編著《雲南林業科學教育的先驅與開拓者——張福延、曲仲湘、徐永椿、任瑋、曹誠一、薛紀如年譜》，中國林業出版社，2019年10月版，第037頁。

〔註2232〕　張立生編著《謝家榮年譜長編》（上下冊），上海交通大學出版社，2022年12月版，第668頁。

北京市政府為清查市內房地產權，無論公私房地通令限期契紙呈報登記。敝現所與舊所兩處房地當在應辦登記之列。惟文津街三號房產，本所向無任何證件在握，此項證件倘是貴會代為保存，即請賜下一用。至於石駙馬大街八三號產權問題，敝所僅有范景星堂契紙在手，而無范景星堂捐贈字據，官方認為證據未足，不予登記。並請貴會設法向范景星堂代表人補辦一文字憑據（民國 17 年），專寄敝所，俾將以上兩處房產早日呈報登記，以免逾期不報，產權表喪失。

此致

中華教育文化基金會

胡先驌

九月十一日（1949 年）〔註 2233〕

9 月 15 日，Four New Species of Carpinus Yunnan（雲南鵝耳櫪屬之四新種）刊於 Bull. Fan Mem. Inst. Biol.《靜生生物調查所彙報》（新第 1 卷第 3 期，第 213～218 頁）。

9 月 15 日，Some New Species of Castanopsis from Southern and Southwestern China（中國南部與西南部錐栗屬之新種）刊於 Bull. Fan Mem. Inst. Biol.《靜生生物調查所彙報》（新第 1 卷第 3 期，第 219～232 頁）。

9 月，雲南農林植物研究所人員有：蔡希陶（研究員）、馮國楣（助理研究員）、李祿三（技術員）、邱炳雲（技師、採集員）、禹平華（見習員）、李際科（職員）、曾吉光（職員）、謝卓貞（技工）、岳春成（技工）、崔作霖（工人）、王有禮（工人）、劉禮文（工人）、李發有（工人）、何有褚（工人）、范儒德（工人）、石漢生（工人）、歐陽嫂（工人）。

約 10 月，樂天宇談靜生所接收諸事。

在中科院成立之前，華北大學農學院樂天宇看上靜生生物調查所房屋。樂天宇言：「我第一次去高委會找秘書長，打聽為華大農學院找房子的事，並言棉花胡同房子不夠用。適吳征鎰在該委員會工作，為言靜生生物調查所房屋空著，但胡步曾因該所是私設的，歸董事會管理，是否充公？要看董事會決定，因此他拒絕交公。其後，

〔註 2233〕《胡先驌全集》（初稿）第十七卷下中文書信卷，第 403 頁。

高教委員會秘書長囑我設法接收它。」此時靜生所已失去經濟來源，為了得到新政府的支持，胡先驌徵得靜生所委員會同意，決定將靜生所交予樂天宇接收。〔註2234〕

約10月，將靜生所改為中科院接收。

當中國科學院準備成立，竺可楨來北京後，胡先驌積極與之聯繫，希望科學院成立後，將靜生生物調查所改為科學院接收。竺可楨與胡先驌是多年故交，對胡先驌請求自當支持，何況靜生所亦是科學院接收範圍。因此之故，當吳征鎰進入中科院後，首先被派駐靜生所，辦理交接事宜。其時，靜生所主要人員還有張肇騫、傅書遐、夏緯琨等。〔註2235〕

11月29日，政務院文化教育委員會開會商討中國科學院院址，胡先驌應邀出席。

11月，中國科學院（中科院，Chinese Academy of Sciences，CAS），在北京成立，位於北京市三里河路，是中國自然科學最高學術機構、科學技術最高諮詢機構、自然科學與高技術綜合研究發展中心。10月19日，中央人民政府委員會命郭沫若為第一任中科院院長，陳伯達、李四光、陶孟和、竺可楨為第一任中科院副院長。北平靜生生物調查所動物部、國立北平研究院動物學研究所與國立中央研究院動物研究所合併為中國科學院動物研究所。12月，中國科學院實行專門委員的制度。

11月，靜生所被接收過程。

中國科學院重組此前生物學研究機構，將靜生所與北平研究院植物所合併，決定接收靜生生物調查所時，即已形成。在辦理靜生所移交事宜時，特成立靜生生物調查所整理委員會，推定遠在上海復旦大學農學院院長錢崇澍擔任主任委員，新近調到中科院之清華大學生物系講師吳征鎰為副主任委員。如此安排實是在接管之後，合組成立新所之時，由他們分別擔任所長與副所長。1992年吳征鎰

〔註2234〕 天宇：接收靜生生物調查所的前後情況，中科院植物所檔案。胡宗剛、夏振岱著《中國植物誌編撰史》，上海交通大學出版社，2016年9月版，第19頁。
〔註2235〕 胡宗剛、夏振岱著《中國植物誌編撰史》，上海交通大學出版社，2016年9月版，第20頁。

在接受中科院院史研究者的採訪時，對這段經歷的回顧。他說：「1949年年初，我在北京軍管會的高等教育委員會工作——先是文化教育委員會，後改為高等教育委員會。在五六月我腰椎摔壞了，被送到府右街北口北大醫院，住了三個月之後，還需要三個月。我覺得我自己身體健康狀況不理想，而且當時還不知傷骨能否接得上，接得好不好，所以我就請求回清華大學，到了清華生物系。在清華校醫室又住了三個月，才把石膏背心去掉了，恢復得很好。這時汪志華找我，便調到科學院。黨員開會只有七八個人，我被選為第一任黨支部書記，一直到三反。我到科學院做的第一件事就是給科學院找房子，把我派到靜生所做靜生所的工作，讓靜生所合併到北平研究院植物所，把所有的標本、儀器等搬到北平研究院植物所，地點在三貝子花園，即現在的北京動物園。我做這個工作做了一兩個月。靜生所搬走，科學院搬到靜生所的樓裏辦公，科學院這才有了辦公的地方。植物所的所長是錢老，錢崇澍，是我推薦的」。〔註2236〕

11月30日，成立靜生生物調查所整理委員會。

在文委會開會的第二天，即11月30日科學院便派嚴濟慈、丁瓚前往文津街3號進行察看，察看之後，竟得出這樣的結論：靜生所不僅房屋使用不當，而且許多珍貴生物標本保管不善，應當成立一個整理委員會，對靜生所進行整理。郭沫若簽署了向文教委呈報《擬定整理靜生生物調查所意見》，全文如下：

文化教育委員會：

關於靜生所事，本院曾派嚴濟慈、丁瓚、嚴希純三位先生會鈞會秘書何處長於11月30日下午2時前往該所瞭解情況，該所房屋使用情形，我們曾逐一察看，其情況如附圖所示。在我們察看之後，認為該所的問題不僅在於房屋使用，而在於許多珍貴生物標本沒有加以妥善的保管，有些標本已被損壞（如有些魚類標本瓶子被打破，藥水流在地上，標本被廢棄，樹木標本被堆放在一黑室中），而這些被廢棄的情形仍在繼續中，這對於國家財產和科學工作來說都是不

〔註2236〕吳征鎰先生訪談錄，《院史資料與研究》，1992年第3期。胡宗剛著《雲南植物研究史略》，上海交通大學出版社2018年7月版，第207～208頁。

可忽視的嚴重現象。經過 12 月 1 日我們彙報討論之後，一致認為有
立刻成立靜生所整理委員會，進行整理和保管的必要。並經擬定錢
崇澍、吳征鎰、丁瓚、黃宗甄、樂天宇、林口、朱弘復、唐進、張肇
騫等九人為整理委員，錢崇澍為主任委員，吳征鎰為副主任委員。
主任委員未到京，由副主任委員召集會議，即日進行工作。

是否有當，謹報請核示。

郭沫若〔註 2237〕

12 月 1 日，靜生生物調查所人員、設備全部轉移到它處，本所所址改為
中國科學院總部。

中國科學院成立靜生生物調查所整理委員會。主任錢崇澍，副
主任吳征鎰，委員丁瓚、黃宗甄、朱弘復、林鎔、唐進、樂天宇。接
收時該所有 16 人，所長兼植物部主任胡先驌，技師張肇騫、唐進，
副技師夏緯琨，研究員傅書遐，工人 6 名。收藏高等植物標本約 15
萬號，低等植物 3.5 萬號，木材標本約 0.25 萬號，動物標本 30 萬
號。石印機 2 部，鉛印機 1 部。所有設備、物品搬遷至北平研究院
植物學研究所所址動物園內陸謨克堂內。隨後，靜生生物調查所所
址（文津街 3 號）改為中國科學院院部。〔註 2238〕

12 月 1 日，中科院接收後靜生所職員安排。

丁瓚及嚴濟慈赴靜生生物調查所，決定組織「靜生生物調查所
整理委員會」，指定以錢崇澍為主任委員，吳征鎰為副主任委員（原
所長胡先驌因其政治背景被冷落）。中科院接收靜生所後，吳征鎰
常駐該所辦公。靜生所與北研植物所合併，以錢崇澍為所長，吳征
鎰為副所長，對創建主持植物所 20 年的劉慎諤卻未做出應有的安
排。〔註 2239〕

〔註 2237〕郭沫若致文化接管委員會，1949 年 11 月，北京：中國科學院檔案館。胡宗剛
　　　　　著《靜生生物調查所史稿》，山東教育出版社，2005 年 10 月版，第 223 頁。
〔註 2238〕王希群、楊紹隴、周永萍、王安琪、郭保香編著《中國林業事業的先驅與開
　　　　　拓者——胡先驌、鄭萬鈞、葉雅各、陳植、葉培忠、馬大浦年譜》，中國林
　　　　　業出版社，2022 年 3 月版，第 082 頁。
〔註 2239〕劉曉著《國立北平研究院簡史》，中國科學技術出版社 2014 年 11 月版，第
　　　　　210 頁。

12 月 2 日，發行人民勝利折實公債，來彌補年度財政赤字。其還本付息的金額以當時若干種類和數量的生活必需品市價加權平均折算，以免受物價波動的影響，實際共發行一期 1 億分。「對於經濟政策，在理論上我是贊成發行公債的，甚至在必要的場合徵收一部分的資本，我也是贊成的，但是在人民政府第一次發行公債時，我便特別留意執行政策時所發生的偏差，而表示不滿。但是發行公債的結果甚好，政府能照章到期還本付息，一方既能吸收游資穩定物價，一方又能獎勵儲蓄，而且三年來再未發行第二次公債，到今日國家的經濟已經好轉，國營經濟有了巨大的成績，政府根本不需要再發行公債了。」〔註 2240〕

12 月 9 日，雲南省政府主席盧漢宣布起義，雲南省和平解放，但農林植物所及員工家產遭國民黨軍殘部洗劫一空。〔註 2241〕

12 月 12 日，北京農業大學校務組成成員。

　　中央人民政府教育部高一字第 215 號令：委派樂天宇、俞大紱、湯佩松、沈其益、徐緯英、熊大仕、張鶴宇、戴芳瀾、黃瑞綸、劉崇樂、陳錫鑫、徐碩俊、周家熾、高惠民、陸近仁、韓德章及講師、助教代表（揚舟、梁正蘭、馬藩之、周大澂、劉含莉、朱振聲）和學生代表（顧方喬、金驥、閻龍飛）共 25 人為北京農業大學校務委員，組成校務委員會，並以樂天宇、俞大紱、湯佩松、沈其益、徐緯英、熊大仕、張鶴宇及講師助教校委推選一人，學生校委推選一人，共九人為常務委員，以樂天宇為主任委員，俞大紱、湯佩松為副主任委員，沈其益為教務長，徐緯英為副教務長，熊大仕為秘書長，自即日起到職視事。〔註 2242〕

12 月 12 日，竺可楨對靜生所人事安排之憂慮。

　　《竺可楨日記》有記云：「作函與雨農，囑雨農來就靜生生物調

〔註 2240〕胡先驌著《對於我的舊思想的第三次檢討》，1952 年 9 月 4 日。《胡先驌全集》（初稿）第十五卷人文科學文章，第 647～654 頁。
〔註 2241〕中國科學院昆明植物研究所簡史編纂委員會《中國科學院昆明植物研究所簡史（1938～2008）》，2008 年 10 月版，第 4 頁。
〔註 2242〕王希群、江澤平、王安琪、郭保香編著《中國林業事業的先驅與開拓者——樂天宇、吳中仁、蕭剛柔、袁嗣令、黃中立、張萬儒、王正非年譜》，中國林業出版社，2022 年 3 月版，第 017～018 頁。

查所整理委員會主任事，緣委員會人選已經文教會方面指定也。余恐雨農未必能來，而副主任白堅（吳征鎰）又資格太淺，故該委員會之能否順利進行頗成問題。」〔註2243〕

12月12日，中科院成立專門委員會。

中國科學院還舉行了一次重要選舉，即「專門委員會」委員的選舉，在自然科學中，設置15個組，其中有植物分類學組。該委員會之成立，係參照中央研究院評議會建制，但中研院評議會之職能僅是選舉院長，現欲擴大其職能，增加參與計劃制定等，但選舉院長卻不是其職能。雖然如此，其後該委員會並沒有達到預期之作用，甚至連一次全體會議都不曾召開，僅是遇事諮詢而已。至1955年學部委員會產生，此專門委員會即自行結束。但是，專門委員會成員選舉經過，如同中國植物誌籌備委員會產生一樣，仍不失前中央研究院時期所形成的民主風尚。《科學通報》所載《本院計劃局四個月來工作》，對該委員會委員產生經過記載甚詳，摘錄如下：「專家調查已經進行兩次：第一次在一九四九年十二月十二日開始，今年一月底結束。第二次於三月九日開始，四月十五日結束。第一次調查是利用前中央研究院的院士名單為基礎，經過審查，選擇和補充，決定了投票人三十五名。請他們分別在他們專長或熟悉的學科中推薦數人到二十人的專家名單。收回調查表為三十張。被推薦出來的專家共為二三二人。根據這批專家名單，再經過審查和補充，決定了第二次投票人二〇七名。截至四月十五日總結計算時，收回一八二張。總結兩次投票結果，被推薦的專家共計八六五人，我們希望將來在本院組織和各研究所配合的各科專門委員時，可以根據這兩次投票的結果，作為專門委員的主要參考。」〔註2244〕1950年4月15日公布調查結果，植物分類學組參加投票人數21人，被推薦專家人數71人，其中得票超過半數為12人。但是在6月公布的名單中，卻有13人，多出1人。其按姓氏筆劃排序如下：吳征鎰、林鎔、胡先驌、耿以禮、陳煥鏞、張肇騫、鄧叔群、鄭萬鈞、劉慎諤、裴

〔註2243〕《竺可楨全集》第11卷，上海科技教育出版社，2006年，第588頁。
〔註2244〕《科學通報》第一卷第一期，1950年5月。

鑒、蔣英、錢崇澍、戴芳瀾。多出 1 人為吳征鎰。植物分類學專門
會議與中國科學院專門委員會均未取得應有之作用，說明這些會議
和組織不是黨的意志體現，其結果不為黨所接受，故其作用無從予
以落實。而這些會議和組織之所以能夠召開和成立，又說明黨對科
學的領導方式，尚在摸索之中。〔註 2245〕

　　12 月 14 日，靜生所整理委員會在王府大街中科院臨時辦公廳召開第一次
會議，由吳征鎰主持，胡先驌應邀列席。出於對靜生所的歷史負責，而對范靜
生的夫人，因為生病，家庭困難，向委員會提出一些可以操作的建議和意見。
對靜生所及其下屬的廬山植物園、雲南農林所業務之間作了介紹，對廬山植物
園、雲南農林所如何接收和發展，談了看法，特別是陳封懷、俞德濬、唐耀等
三位弟子作為人才的推薦。植物標本交換是世界各國科研機構通用做法，在政
權更迭時，研究所將改組時，國家之間外交關係，而應該遵守信用，尊重協約，
向委員會提出，要向瑞典日內瓦植物園、美國哈佛大學寄植物標本，至於領導
是否同意寄出，如實彙報。胡先驌做了如下的發言：

　　　　當初范靜生先生在晚年時，對生物學有很大的興趣，當時他是
　　中美庚款所屬中華文化教育基金會的總幹事，范先生初步意見希望
　　創立博物館或標本館的，不久范先生病故，他生前曾經留下三十多萬
　　元銀圓整個捐出，作為尚志學會的經費，曾創辦了私立的法政學校和
　　醫院，都因未具成績而停止，繼而辦尚志學會叢書，不久也停頓，最
　　後才捐出十五萬銀圓創辦靜生所，中基會也補助很多經費。這十五萬
　　圓交給中基會儲存生息，而該所的經常費則由中基會撥給。以後范旭
　　東先生向靜生夫人收買石駙馬大街房屋贈於靜生所作為所址，有書面
　　證明可憑。但契據仍用范家堂名，並曾在口頭上說：如靜生所停辦，
　　此房應歸還范氏。而中基會也曾非正式地說：如靜生所停辦時，基金
　　應還尚志學會。不久之後，中基會才又為靜生所築新址，當時為了種
　　種方便，與北京圖書館合作，故煤氣、鍋爐管、水錶和水鍋均為雙方
　　合辦。當時還有社會研究所（調查所）與靜生所一起工作，靜生所實
　　際僅占新址的一半，當時靜生所工作人員有幾十人。

〔註 2245〕《科學通報》第一卷第二期，1950 年 6 月。胡宗剛、夏振岱著《中國植物
　　　　誌編撰史》，上海交通大學出版社，2016 年 9 月版，第 38～39 頁。

關於書籍，也是與北京圖書館合作購買，費用由北京圖書館項目內支付，可是本所出版的叢書與國外交換得來的書籍產權雖屬北京圖書館，實際上多由靜生所的出版物交換得來，為了便利研究計，這些圖書最好由科學院與北京圖書館協商，撥歸科學院管理，以便研究工作。

石駙馬大街地方房屋本想創辦通俗博物館用，經費缺乏故沒有恢復，不過通俗博物館之類，即列歸文化部領導，則我們當然不必再去進行了。至於房屋之事，范家卻有正式公文捐給靜生所的，當然屬於公家的了，可是范先生夫人最近生活困難，僅一個後人，可是范旭東先生又死了，范靜生先生的家屬完全由他的兒子去維持的，而他的兒子最近又病了，生活十分艱苦。最近范靜生先生的友好希望公家能照顧他的家屬。我個人認為，靜生基金約合兩萬美金，為美國股票，由中華文化教育基金會管理，如政府同意，不妨在此基金中取去五千美金幫助范靜生家屬。

我個人主持此所二十一年，除此所外，尚有廬山植物園及雲南植物園（即雲南農林植物研究所），廬園與江西農業院合辦，英庚款曾捐助若干經費作為建築費之一部分，惜原來的辦公室被日本人炸毀，復員後規模當然不及從前，但在其中標本甚為珍貴，苗木有二十多萬株，最珍貴的水杉苗木，去年並從湖北運去一些臺灣杉的苗木。現由江西省人民政府接收，改為森林研究所，原主管人陳封懷先生已被江西省任命為農事試驗場場長，兼管廬山植物園工作。如果陳先生調來北京工作，可對北京市區風景的布置幫助不少；又前在雲南農林研究所工作的俞德濬先生（近在英國）可調至廬山工作。

關於雲南農林所應由科學院去電雲南昆明，設法聯繫，早日由本院接收，因彼處存有靜生所的器材、圖書和標本很多，應好好加以利用。

靜生生物調查所既有二十多年的歷史，科學院雖即接收，為了紀念靜生先生計，最好把牌子留下來作紀念。印刷部門我希望保留石印部分，以便植物誌的印刷。

儀器的確很少，隨便怎樣處置都可以。標本有木材標本，都很完備，希望好好地保存，動物標本及其他植物標本，當然由科學院

直接處置。不過有一點圖書、儀器、森林標本尚存於四川樂山的木材實驗室唐耀先生處，將來亦可索回。把唐耀邀請至科學院工作，也是很好的事情。

我本人本擬檢五千份標本寄至廬山植物園，後來僅寄二萬多張照片去了。雲南農林植物研究所的標本積存很多。此外我們要送瑞典日內瓦植物園一些標本，因為我們已用了他們五百元美金。雲南標本我們得了哈佛大學許多經費，過去曾寄了一份標本給他們，迄今尚欠哈佛大學三四萬號標本，須補寄去的。我們的出版刊物極多，當然交給科學院的檔案較少，二萬多張的植物標本照片也要交給科學院的。〔註2246〕

12月16日，中國科學院接收靜生生物調查所，成立了以吳征鎰為負責人的靜生生物調查所整理委員會。自傳載：在北京解放後，我得到靜生生物調查所委員會的同意，將該所交與華北大學農學院接收。至中國科學院成立，該所歸併於中國科學院而改組成植物分類研究所。在改組期間，院領導人曾徵詢過我的意見是否願任所長。我表示只要有研究工作可做，我不願擔任行政工作。〔註2247〕

12月，建議中科院接收雲南農林植物研究所。

在中國科學院接管靜生生物調查所時，靜生所所長胡先驌在交接之時，對該所所辦其他機構也希望中科院予以接收。其云：「雲南農林植物所應由科學院去電雲南昆明，設法聯繫，早日由本院接收，因彼處存有靜生所的器材、圖書和標本很多，應好好加以利用。」胡先驌此項建議得到中科院贊同，中科院植物分類所成立之後，4月即接收雲南農林植物研究所，使之與北平研究院植物所昆明工作站合併，作為該所之工作站，名之為「昆明工作站」，由蔡希陶任主任。〔註2248〕

〔註2246〕 靜生生物調查所整理委員會第一次會議記錄，北京：中國科學院檔案館。胡宗剛著《靜生生物調查所史稿》，山東教育出版社，2005年10月版，第224～225頁。

〔註2247〕 胡先驌著《自傳》，1958年。《胡先驌全集》（初稿）第十五卷人文科學文章，第656～659頁。

〔註2248〕 靜生生物調查所整理委員會第一次會議記錄，中國科學院檔案館藏。胡宗剛著《雲南植物研究史略》，上海交通大學出版社2018年7月版，第207～208頁。

12月30日，北京農業大學確定部門負責人。

北京農業大學召開第三次校委會，確定各系主任、各研究所所長及各委員會人選。植病研究所所長戴芳瀾，農化研究所所長湯佩松、昆蟲研究所所長劉崇樂，農業生物研究室主任樂天宇，農藝系主任徐季丹，園藝系主任陳錫鑫，范濟洲主任殷良弼，獸醫系主任熊大仕，昆蟲系主任劉崇樂，農化系主任黃瑞綸，農業機械繫主任王朝傑，圖書館館長周明牂，分校主任羅新。畜牧系、植病系、土壤系主任待協商，農業經濟系主任緩設。〔註2249〕

約12月，錢崇澍對植物分類研究所計劃安排。

在錢崇澍未到任之前，由吳征鎰進駐靜生生物調查所，負責接收，並召集相關會議。1950年初錢崇澍暫來北京，參與合組事宜。據《竺可楨日記》所記，錢崇澍自1月5日到京，至1月17日離京。在此期間，曾參加靜生所整理委員會第二次會議。對研究所今後之工作作大致布置。1月12日《竺可楨日記》載云：「今日討論靜生生物調查所整理事。雨農報告委員會意見，以為名稱改為植物分類研究所，設籌備委員會，共九人組織之，靜生、平研院各三人，連主任、副主任，院中再派一人。將來主要工作為編全國植物誌，設標本館Herbarium。今年集體工作為《河北植物誌》，將來設立植物園，以陳封懷為園主任。陳現在盧山農業室主任云。」錢崇澍返回上海後，由於復旦大學不願其離開，調動之事非一時可以辦妥，故暫時不能來京視事，即由吳征鎰主持所務。不知何故，錢崇澍所述之計劃並未完全遵照進行。植物分類研究所籌備委員會未曾成立，陳封懷也未曾調至北京。至於工作內容則按預定計劃而推行。〔註2250〕

12月，靜生生物調查所被兼併過程。

〔註2249〕 王希群、郭保香編著《中國林業事業的先驅與開拓者——汪振儒、范濟洲、汪菊淵、陳俊卿、關君蔚、孫筱祥、殷良弼、李相符年譜》，中國林業出版社，2022年3月版，第333頁。

〔註2250〕 《竺可楨全集》第12卷，上海科技教育出版社，2007年，第10頁。胡宗剛、夏振岱著《中國植物誌編撰史》，上海交通大學出版社，2016年9月版，第20頁。

據原始檔案編輯而成的《中國科學院生物學發展史事要覽》，於此有詳盡記載，錄於此：

10 月 23 日，中國科學院一部分負責人在北京飯店召開座談會。在討論提出擬接管的原有機構的名單中，包括靜生生物調查所。

11 月 8 日，在第 6 次院務彙報上，丁瓚報告：「曾昭掄說胡先驌表示不願意和華大合併，而願意併入科學院，靜生房子很多，可供科學院辦公。」惲子強報告：「昨天和樂天宇談了一下，樂說胡先驌實際上不願意受誰領導，最好自己獨立，胡很難搞。農大研究室現設靜生，農大大約不會放棄靜生的。」

11 月 21 日，第 13 次院務彙報決定：「靜生生物調查所接收問題，原則上連房屋帶東西讓我們接收，我們不主動接收，因房屋糾葛不易解決。」

11 月 24 日，《中國科學院工作日報》記載：「靜生生物調查所研究人員來院，請求由本院接收，在原則上已同意，惟須向有關方面協商。」

同日上午 9 時，在第 16 次院務彙報上，丁瓚報告：「靜生生物調查所決定由科學院接收，文化部不再爭執。」

11 月 25 日，第 17 次院務彙報決定：「靜生生物調查所，本院在原則上同意接收該所。惟該所必須完全接受本院領導。至於該所將來應如何改組，應由本院即將召開的專門委員會討論之……」

11 月 29 日，第 20 次院務彙報，陶孟和副院長提出：「如果接收靜生生物調查所，不能讓它單獨成一個單位，其名稱要取消。靜生房子是基金會修蓋的，產權是公家的。」竺可楨副院長說：「如果接收靜生，其所有的房子都要接收，將來各所工作似應提出重心，各所工作不要像過去各人做各人的。」

11 月 30 日，在第 21 次院務彙報上，竺可楨副院長報告：昨日文委開會，「關於靜生方面，靜生名稱不一定要保存。至於接收和房子問題，由有關方面協商。」辦公廳主任嚴濟慈報告：「昨天正式會後，和文委胡喬木及靜生胡先驌及丁瓚先生商談……結論靜生房子由科學院辦公廳候用。文委辦公廳秘書處提出具體使用辦法，經院長、副院長同意送文委審核。今天下午，本人和丁先生及文委秘書

處何成湘同去靜生看房子。」辦公廳副主任丁瓚報告：「關於靜生問題，辦公廳討論接管後，希望他們遷入三貝子花園史學所屋址，史學所遷入東廠胡同。」

12月1日，第22次院務彙報。丁瓚報告：「昨日與嚴主任、嚴〔希純〕處長、何成湘同去勘察靜生及三貝子花園房屋，靜生有……好多標本（動物）都已糟蹋了，另有8百多種木材標本也是亂極了。」嚴濟慈報告：「大部分動物標本堆的好像庫房，另有許多出版物也多被蹋毀……昆蟲標本室在西邊，也是亂極了……〔註2251〕

是年，胡先驌在美國《紐約植物雜誌》發表《中國是怎樣發現水杉活化石》一文。同時他被美國哈佛大學專門授予該校「最有突出貢獻的博士、著名植物學家」榮譽稱號。1952年8月13日，胡先驌在《對於我的舊思想的檢討》中，回憶歷史時，作如下敘述：「我們發現了水杉的種子，分送全世界一百七十九個農林植物研究機關。」〔註2252〕

是年，靜生生物調查所兼併時人員、設備安排工作。

此次會議按預期目標做出了決議，《中國科學院靜生生物調查所整理委員會工作報告》有這樣記載：

本委員會工作，因有關各方面都有高度合作精神，工作人員也有飽滿的情緒，開會確定原則之後，又由專人分工負責，詳細計劃執行，故進行頗為順利，目前除幾項不甚重要的事務外，初步整理工作大部分已近完成。茲將經過情形簡略報告如下：

第一次會議已於12月14日舉行，因會前經過反覆協商，所以會上很快、也很融洽地就通過了一些重要原則，例如：

一、靜生生物調查所與北平研究院植物研究所合併；

二、靜生生物調查所舊址歸科學院，石駙馬大街宿舍暫作胡先驌工作室；

〔註2251〕 宋振能、薛攀皋，中國科學院生物學發展史事要覽。胡宗剛著《靜生生物調查所史稿》，山東教育出版社，2005年10月版，第221～222頁。

〔註2252〕 胡先驌：對於我的舊思想的檢討。中國科學院植物研究所檔案室，胡先驌專卷。2018年11月1日，羅桂環先生用郵箱發給筆者資料。

三、工作人員隨其工作性質轉移，如事務員、工人，調入院本部，
　　與研究有關人員全部遷入三貝子花園；

四、圖書、標本、儀器，亦視工作需要而轉移，動植物分開，各有
　　專人負責整理，一部分可供陳列者，借給北海大眾博物館；

五、與研究有關之家具，儘量遷移至三貝子花園，一部分歸院本部
　　處理；

六、印刷部門人員、器材，仍在原地，將來由編譯局領導。〔註 2253〕

是年，雲南農林植物研究所擬定煙草研究試驗及育種工作計劃綱要。

　　1949 年，向雲南人企公司提交的《雲南農林植物研究所三十八
年度煙草研究試驗及育種工作計劃綱要》，工作重點集中在育種、創
育新種、肥料試驗和增加品種比較四方面。〔註 2254〕

是年，雲南農林植物研究所參加煙草試驗的人員。

　　1949 年，農林植物所參加試驗的人員有：蔡希陶、馮國楣、邱
炳雲、謝卓貞、赫清雲、李祿三、岳春成、禹平華、羅昌華、秦泰、
劉禮文等。馮國楣為試驗地負責人。美煙育種場「計分三處，蓋以
育種為重，故使其植區各別，以免花期混合而變種」，第一區選在蒜
村外公路側，種植美煙特字四〇〇號，邱炳雲為管理員；第二區選
在花魚溝外，種植土耳其煙，李祿三為管理員；第三區為雨樹村黃
家箐，種植大金元、特字四〇〇號和特字四〇一號，楊月波為管理
員，後期為禹平華。〔註 2255〕

是年，雲南農林植物研究所對煙草業取得顯著成績。

　　農林植物所自 1945 年承擔美煙栽培育種試驗以來，先後栽培試
驗過 38 個編號的煙草品種（美煙 25 個、印煙 3 個、土耳其煙 5 個、

〔註 2253〕 中國科學院靜生生物調查所整理委員會工作報告，北京：中國科學院檔案
　　　　　 館。胡宗剛著《靜生生物調查所史稿》，山東教育出版社，2005 年 10 月版，
　　　　　 第 226～227 頁。
〔註 2254〕 中國科學院昆明植物研究所簡史編纂委員會《中國科學院昆明植物研究所
　　　　　 簡史（1938～2008）》，2008 年 10 月版，第 103 頁。
〔註 2255〕 中國科學院昆明植物研究所簡史編纂委員會《中國科學院昆明植物研究所
　　　　　 簡史（1938～2008）》，2008 年 10 月版，第 104 頁。

歸化土煙 5 個）。從中篩選出特 401、特 400、大金元三個品種。在推廣初期,「特字 401」、「特字 400」和「大金元」同時在全省面上種植,「因抗逆性差而逐漸被大金元取代」。……1948 年雲南農林植物研究所共繁殖大金元 48.6 千克,特字 400 號 150.4 千克,特字 401 號 42.5 千克」。科研對雲南煙草業的貢獻顯而易見。「兩煙」作為雲南省的支柱產業,自然環境、產業決策、政府組織推動、資金投入、社會認同（農民積極性）、科技支撐體系、經營管理等幾大產業要素都是必不可少的。〔註2256〕

　　是年,對解放初兩年時間,自力更生,工業的恢復、水利治理、穩定物價、鐵路修建等各方面取得有目共睹的成就,由衷讚歎、欽佩。

　　　　我過去對於共產黨毫無認識,從沒有讀過毛主席一篇著作,所聽見的盡是反動政府的反宣傳,所以我在北京將要解放的時候,還想去臺灣。後來有人介紹共產黨地下工作人員與我見面,送了我一些文件,我讀了毛主席的《新民主主義論》,我才開始瞭解共產黨的政策。但在解放之初,我對於共產黨,對於人民政府還是抱一種周總理所謂「觀察」的態度。現在卻是事實擺在眼前,使我不得不五體投地的佩服。物價終於穩定了。政府建立了最健全的財經制度,解放軍無比的英勇鬥爭,終於把整個中國大陸解放了,解放軍在新疆、西藏進軍屯墾開發的英雄事蹟,證明中國的軍隊在共產黨領導之下,是世界上最優秀的軍隊。兩年多以來,全國工業的恢復,治淮與荊江分洪及其他水利建設的成績,成渝鐵路的修築,皆以證明中國如何不必依賴馬歇爾計劃與第四點計劃,而能自力更生。教育之以革命方式而突飛猛進,盡善盡美的少數民族政策的執行,這都是超人的成就。〔註2257〕

〔註2256〕　中國科學院昆明植物研究所簡史編纂委員會《中國科學院昆明植物研究所簡史（1938～2008）》,2008 年 10 月版,第 105～106 頁。
〔註2257〕　胡先驌著《對於我的舊思想的檢討》,1952 年 8 月 13 日。《胡先驌全集》(初稿) 第十五卷人文科學文章,第 629～640 頁。